Schöne Efeus

Ingobert Heieck

Schöne Efeus

51 Farbfotos
44 Zeichnungen

VERLAG
EUGEN
ULMER

Umschlagfoto: *Hedera colchica* 'Dentata', wohl der großblättrigste Efeu fürs Freiland. Beschreibung Seite 29

Foto Seite 2: *H. colchica* 'Dentata Variegata'. Mit seinen großen hellen Blättern wirkt dieser Efeu monumental und als Blickfang. Beschreibung Seite 30

Die Deutsche Bibliothek – CIP-Einheitsaufnahme

Heieck, Ingobert:
Schöne Efeus / Ingobert Heieck.–
Stuttgart : Ulmer, 1992
ISBN 3-8001-6463-0

Wollgrasweg 41, 7000 Stuttgart 70 (Hohenheim)
Printed in Germany
Lektorat: Sabine Reh
Herstellung: Gabriele Jäger, Otmar Schwerdt
Einbandgestaltung: Alfred Krugmann
Zeichnungen: Kerstin Heß
Satz: Typobauer Filmsatz GmbH, Ostfildern 3
Druck und Bindung: Passavia Druckerei GmbH, Passau

Vorwort

Efeu kann nicht, wie so viele unserer Gartenpflanzen, durch Blütenpracht die Augen der Menschen auf sich lenken. Um so mehr bemüht er sich, durch eine Vielfalt der Blattformen und deren Färbung zu glänzen. Und so gelang es ihm, durch diesen eher bescheidenen Glanz das Herz des heutigen Menschen zu gewinnen.

Ist es nicht erstaunlich und faszinierend zugleich, wie eine gewöhnliche, bei uns in der Natur wildwachsende Pflanze stetig mehr an gärtnerischer Bedeutung erlangt? – Der Efeu ist neu entdeckt worden.

War er doch schon im Altertum berühmt und wurde bis zum Beginn unseres Jahrhunderts immer wieder als Gartenpflanze verwendet. Von 1910 bis 1950 schien man ihn in Deutschland vergessen zu haben. Darauf begann er schlicht seinen Siegeszug, zunächst als Zimmerpflanze, um endlich in den 80er Jahren fürs Freiland wiederentdeckt zu werden. Ihn als Bodendecker und gleichzeitig als Kletterpflanze verwenden zu können, macht ihn doppelt interessant. Erstaunlich, wo und wie man diese Pflanze gebrauchen kann! Daß der Efeu am Ursprung seines geschichtlichen Auftritts nicht nur Schmuckpflanze, sondern auch Kultpflanze war, umgibt ihn mit einem geheimnisvollen Flair: »Kissos, ein lieblicher Jüngling, wird luftwärts klettern am Baume; Efeu wird er, gekrümmt schon in den Trieben . . .« (Nonnos 12,97).

Vermehrte Beliebtheit des Efeus und steigende Nachfrage vergrößerten auch die Sortenvielfalt. Oder sollte man das in umgekehrter Reihenfolge sagen? Beides ist zu sehr verknüpft. Jedenfalls besteht heute die Möglichkeit, wenn auch manchmal verbunden mit einiger Mühe, von den etwa 500 bestehenden Sorten ein gutes Hundert zu erwerben.

Die Efeuvielfalt regt zum Sammeln an, und wie leicht ist es, im Wintergarten, im Kleingewächshaus, auf dem Balkon oder im Garten eine solche Sammlung unterzubringen. Wenn es auch nicht gleich 100 Sorten sind. Das vorliegende Buch wendet sich vor allem an den Efeuliebhaber und an jeden, der Efeu irgendwie verwenden möchte. Dem Gärtner wird diese Schrift bei der Kundenberatung helfen, sei es in Sachen Hausbegrünung, der sonstigen Anpflanzung von Efeu im Garten oder der Behandlung desselben in der Wohnung.

Die Angaben und Aussagen dieses Buches stützen sich auf die gesamte Efeuliteratur, die meist in Einzelaufsätzen und kleineren Arbeiten über Efeu in der Fachliteratur zerstreut zu finden ist, und über Jahre hinweg gesammelt und ausgewertet wurde. Natürlich schlägt sich auch die dreißigjährige Erfahrung mit Efeu nieder.

Wichtige Bücher über Efeu, Buchauszüge und Einzelaufsätze sind im Literaturverzeichnis angegeben. Ebenfalls konnten die Ergebnisse der Efeuforschung, vor allem auf dem Gebiet der Sorten, welche die Efeugesellschaften in den USA und England leisten, eingebracht werden.

Danken möchte ich an dieser Stelle dem Verlag Eugen Ulmer, seinen Mitarbeitern aus dem Lektorat und allen, die an der Ausstattung dieses Buches mitgeholfen haben.

Heidelberg im Februar 1992
Ingobert Heieck

Inhaltsverzeichnis

Linke Seite: Der Efeu, eine typische Waldpflanze, einen abgestorbenen Baumstumpf belebend.

Schon im Kräuterbuch des Hieronymus Bock von 1577 sind alle Blattstadien dargestellt, die der Efeu in seiner langen Entwicklungszeit durchläuft.

Von der kreutter Underſcheid/

Von Ephew oder Eppich.

Cap. lxxxviij.

Zwey Eppich geſchlecht wachſen in unſern
Landen/ein groß geſchlecht mit ſchwartzen runden körneren/ unnd das
klein unfruchtbar waldt Eppich / mit den dreieckten ſchwartzen grünẽ
Forma. blettern/das kreucht ſtäts auff der erden under dem Moß. Gegen dem
Herbſt werden ſeine bletter auff der lincken ſeitten braunrot/ſolcher Ep
pich henckt ſich an mit vaſt zarten hörlein wie der Engelſüß. Wa nũn
Sŭperba Hedera. ſolcher Eppich die nächſten bäum erreichen kan/ gar bald begert er überſich/ kreucht und
laufft zũ rings umb die Bäum / biß an die gypffel/ henckt ſich mit ſeinen vilfältigen za-
ſechten wurtzeln ſo tieff an
die ſtäm̃e/das etwan baum
und Eppich ohn ſchadẽ nit
wol von einander zũ ſchey-
den ſeind. So bald aber der
Eppich die gypffel d' bäum
erlanget hat / würt er gantz
freidig/ thũt ſich auß in ne-
ben äſt / gleichſam er ſolche
krafft võ jhm ſelber hett ge-
hab t/ fahet an die bletter zũ
veränderen / die erſcheinen
nit mehr ecket / ſond' rund/
einẽ hertzen ähnlich / vñ ſo
gedachter Eppich etliche
jar auff dẽ bäumẽ / od auff
den mauren gewohnet / vñ
unverſehrt geſtandẽ / brin-
get er mit d' zeit ſeine bleich
gäle blũmlein/wie die Lynẽ
oder waldt Reben / darauß
werdẽ ſchwartze körner als
die Weckholder beeren. Al-
ſo wiſſen wir in unſerm läd
kein ſonderlichẽ und'ſcheid
der Ephewẽ / wa man aber
acht will nemen/ſo iſt dz al-
ter der gröſt underſcheid d'
Eppich / dañ aller Eppich
wann er noch jung vñ ein
kriechends kraut iſt/ bringt
er dreieckete bleter mit dreiẽ

ſpitzẽ/ ſo bald er aber die bäũ vñ maurẽ mit dẽ auffkriechẽ erlangt/ als bald veränderẽ ſich
die ewige grũne bletter/ vñ werdẽ nit mehr ecket/ſond' rũd/wie vorgemelt. Solches hat on
zweiffel Theoph. auch wargenom̃en/ in dẽ er vil Eppich oder Hederas zöhlt/ bringt er zũ
letſt drey zũſamẽ/nemlich die weiß/die ſchwartz/ vñ dz klein Helix oder Clauicula / das iſt
Theop.lib.3. cap.18. Erdeppich / vñ beſchleußt mit einem wort / dz lang alter ſey der gröſt underſcheyd under
den Eppich gewächſen. Ferners im vj. Bũch Cap.ij. ſagt er võ zweie / vñ nennet das ein
das Männlein/das ander geſchlecht das Weyblein/darbey wöllen wirs auch laſſen.
Von

Geschichte und Name des Efeus

Der Efeu ist nicht wie viele unserer Zierpflanzen aus fernen Ländern importiert. Es ist eine einheimische Pflanze, die mit den Bewohnern Mitteleuropas schon immer aufs engste verbunden ist. Allein durch diese Tatsache läßt sich auf eine gut fundierte, reiche Geschichte dieser Pflanze schließen, der wir hier nur in ihren wichtigsten Zügen folgen können.

Der Efeu im Altertum

Der Efeu war schon im Altertum den Ägyptern, den Juden, den Griechen und den Römern bekannt und wurde von ihnen kultiviert.

In dieser Epoche war der Efeu als Symbol ungetrübter Heiterkeit, unverwelklicher Jugend und Kraft in erster Linie dem Gott des Weines, Dionysos oder Bacchus, geweiht, und Efeuzweige und -kränze wurden im Kult dieses Gottes verwendet. Bei den Dionysosfesten zog dieser, mit einem Efeukranz geschmückt, vor seinem Gefolge von Bacchanten, Mänaden, Satyren und Silenen einher, welche ebenfalls Efeukränze und die mit einem Pinienzapfen gekrönten, mit Efeu umwundenen Thyrsosstäbe trugen. Auch die Altäre und Bildsäulen, die Weinbecher und Ruhelager des Bacchus wurden mit Efeu geschmückt, und er selbst wurde oft mit dem Beinamen Kissophoros, der Efeutragende, bezeichnet. Von dieser engen Verbindung des Efeus mit Dionysos mag auch das männliche Geschlecht von Kissos abzuleiten sein, das sonst bei griechischen Pflanzennamen selten anzutreffen ist, hier jedoch das männliche Geschlecht für diese Pflanze bestimmt hat.

Analog zum Dionysoskult in Griechenland knüpfte sich im alten Ägypten an die Person des Osiris die symbolische Verwendung des Efeus. Auch im alten Rom fand im Bacchuskult der Efeu in ähnlicher Weise Verwendung wie in Griechenland. Bei den Gelagen trugen die Zecher Efeukränze auf dem Kopf, die diesen kühlen sollten. Der Efeu war aber auch dem Apollo und den Musen heilig, und es bekränzten deshalb auch die Dichter die Stirn mit Efeu. Dazu verwendete man besonders den gelbfrüchtigen *Hedera poetarum*.

Ebenso ist auf den pompejanischen Wandgemälden der Efeu zu sehen, und die ersten Christen legten ihre Toten auf die immergrünen Efeublätter, die ihnen ein Sinnbild der Unsterblichkeit waren. Aus dem weichen und porösen Efeuholz drehte man Becher zum Filtrieren von Wein und Öl. Die harzreichen Früchte verwendete man als Abführmittel, und es wurden den Früchten, den Blättern und dem Efeuharz noch zahlreiche andere Heilwirkungen zugeschrieben.

Die Namen des Efeus

Die Griechen hatten drei verschiedene Namen für den Efeu. Die allgemeine Bezeichnung war *kittos, kissos*. Für die nicht fruchtende Form verwendete man die Bezeichnung *elix, helix*, und für die blühende und fruchtende Form *edera, hedera*. Der *hedera* wurde von den meisten antiken Schriftstellern für eine von *helix* verschiedene Art gehalten. Die Sprachforscher führen *kissos* und *hedera* auf den gleichen Ursprung zurück, nämlich auf die altindische Wurzel *ghedh*, welcher die Bedeutung »fassen, umklammern« zukommen soll. Einen ähnlichen Sinn hat auch der Name *helix*, nämlich »Windung« oder »Ranke«. Alle griechischen, sowie aus dem Griechischen ins Lateinische übernommenen Namen, *Cissus, Hedera* und *Helix*, wie auch die davon abgeleiteten italienischen Namen *edera* und *ellera*, auch der französische Name *lierre*, leiten sich von dem kletternden Wuchs des Efeus her. Dasselbe gilt für den englischen Namen *bindwood* und *woodbind*, den holländischen Namen *klimop* und viele dialektische Bezeichnungen.

Anders ist es dagegen bei einer zweiten Gruppe von Namen, welche auf die germanische Wurzel *iewa, iwe* = ewig zurückgehen und somit an die Eigenschaft des Efeus anknüpfen, daß seine Blätter immergrün sind. In diese Gruppe gehört der neuhochdeutsche Name *Efeu*, der holländische *ifte*, der angelsächsische *ifig*, der englische *ivy* sowie zahlreiche Dialektnamen.

Eine dritte, unbedeutende Gruppe von Namen schließt sich an die Blattformen des Efeus an, die in manchen Stadien und bei manchen Formen an jene des Alpenveilchens *(Cyclamen)* erinnern. So bezeichneten schon die Griechen den Efeu gelegentlich als *kyklamenos*, das ist alpenveilchenblättrig, und die Holländer nennen ihn außer *klimop* noch *boomveil*, das heißt Baumveilchen.

An Stäben aufgebundene Verkaufsware.

Linné wählte sinnvollerweise den Namen *Hedera* für die Bezeichnung der Gattung und *helix* für unseren einheimischen Efeu.

Schon Plinius unterscheidet eine große Zahl von Efeu-Spielarten. In seiner »Historia naturalis« teilt er den Efeu einerseits in männlichen und weiblichen ein, andererseits übernimmt er die schon oben erwähnte Dreiteilung des Theophrast. Die Annahme, daß die Verschiedenheit der Blattformen vom Alter des Efeus abhänge, weist Plinius zurück. Diese falsche Ansicht ist ungeprüft in die Mehrzahl der Kräuterbücher des Mittelalters übergegangen.

Dagegen hat Bock in seinem Kräuterbuch (1577) die Heterophyllie des Efeus richtig erkannt, und der beigegebene Holzschnitt (Seite 8) zeigt sehr schön alle Blattstadien, die der Efeu im Laufe seiner Entwicklung durchläuft. » . . . sobald aber der Eppich die gypffel der bäum erlanget hat, würt er ganz freidig (frei wachsend), thut sich auß in nebenäst, gleichsam er solche krafft von ihm selber hett gehabt, fahet an die bletter zu verändern, die erscheinen nicht mehr ecket, sondern rund, eine hertze ähnlich. . .«

Die Efeukultur bis zur Gegenwart

Die Verwendung des Efeus als Schmuck- und Gartenpflanze bestand sicher durchgehend vom Altertum bis in unsere Zeit, denn immer wieder können wir in der Literatur Zeugnisse dafür finden.

Um das Jahr 420 v. Chr. hatte Athenäus, der König von Syrakus, auf seinem Prachtschiff Lauben mit weißem Efeu in Kübel gepflanzt. Es mag sich dabei um weißpanaschierten Efeu gehandelt haben, der ja auch von Plinius erwähnt wird.

In der mittelalterlichen Legende von Tristan und Isolde begegnet uns der Efeu

Viele dieser in Hibberds »The Ivy«, erschienen 1872, abgebildeten Sorten gibt es heute noch: 'Nigra' (ganz oben links) und 'Hibernica Variegata' (in der Mitte).

als Grabpflanze. Er wächst auf den beiden Gräbern, die durch die Kirche voneinander getrennt sind, an der Kirchenwand empor und vereinigt sich über dem Kirchendach – Sinnbild einer über das Grab hinausreichenden Liebe.

Ab dem 17. Jahrhundert werden hie und da auch buntblättrige Efeusorten für die Gartengestaltung genannt. So erwähnt 1696 der Engländer Pluckenet in »Almagestum botanicum«, Seite 181 eine weiß-sektorial panaschierte Sorte von *Hedera helix*, die er »Hedera arborea, ex argenteo ut viridi foliis eleganter variegatis« nennt. Elias Pein notiert diese Sorte dann 1699 für den »Hortus Bosianus«, und

Efeustämmchen aus Hibberds »The Ivy«, erschienen 1872.

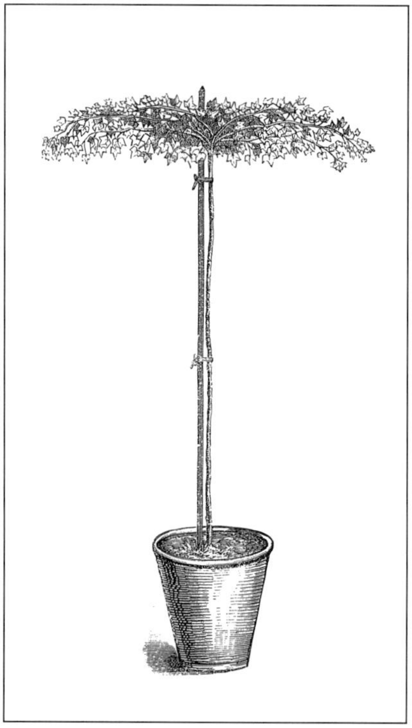

zwar zugleich mit einer gelb-sektorial panaschierten Form, die er als »Hedera arborea, folio ex luteo variegato« bezeichnet. Obwohl es sich dabei um einfache Sorten von *Hedera helix* gehandelt hat, gleichen diese Bezeichnungen langatmigen, umständlichen Beschreibungen. Einfache Sortennamen, damals noch in lateinischer Form, traten für Efeu erst nach 1800 in England auf: *Hedera helix* digitata, palmata, foliis argenteis usw. So ist der Efeu seit alten Zeiten zur Gartengestaltung verwendet worden, und das in verschiedenen Arten und Sorten. Wenden wir uns noch kurz der Entwicklung der Efeuverwendung im Freien in den letzten hundert Jahren zu.

Seit etwa 1700 stieg in England das Interesse am Efeu und damit die Zahl der Sorten langsam aber stetig. Nach 1870 gibt es bereits Baumschulen, die 50 bis 60 Efeusorten in ihren Katalogen verzeichnen. Das illustrierte Efeubuch »The Ivy« von S. Hibberd wird 1872 gedruckt. Es ist das erste Efeubuch überhaupt.

Dieser Efeu-Boom verbreitete sich mit der Zeit auch in Deutschland. Haage und Schmidt in Erfurt hatte 1869 schon 20 Sorten in seinem Katalog verzeichnet. Und Baumschulen wie Hesse in Weener erhielten die Sorten von ihren englischen Kollegen zur Vermehrung. Bis zum Ersten Weltkrieg wurde Efeu in den Gärten Deutschlands viel verwendet, auch zur Hausbegrünung. Dann aber mußte der Efeu in den Baumschulen seinen Platz nützlicheren Pflanzen zur Verfügung stellen, wie das eben in allen Kriegszeiten der Fall ist.

Über 60 Jahre scheint nun der Efeu in der Gartengestaltung vergessen worden zu sein. Erst in den vergangenen 10 Jahren wird der Efeu fürs Freiland wiederentdeckt, nachdem er sich schon fast 30 Jahre lang einen Platz in den Wohnungen erobert hatte. Der wiedererwachte Sinn für die Hausbegrünung mag dabei positive Dienste geleistet haben.

Wenden wir uns noch der Entwicklung des Efeus als Zimmerpflanze zu. Zu diesem Zweck scheint Efeu schon früh verwendet worden zu sein. Jedenfalls hatte er mindestens ab Mitte des letzten Jahrhunderts eine gewisse Bedeutung als Zimmerpflanze. In den Fachzeitschriften der damaligen Zeit kann man manches darüber lesen. Es waren hauptsächlich einfache grüne Sorten, die man im Freien verwenden kann. Selbst die großblättrige *Hedera hibernica* wurde damals im Zimmer verwendet. Neben der einfachen Topfpflanze wurden mit dem Efeu vor allem Zimmerwände, Blumenfenster und verschiedene Gegenstände berankt.

Andere Zimmerpflanzen und eine neue Geschmacksrichtung scheinen den Efeu darauf wieder aus den Wohnungen verbannt zu haben. Die Efeu-Mode von 1880 bis Anfang dieses Jahrhunderts beschränkte sich auf die Verwendung der Pflanze im Garten. Wir brauchen nur in die Fachzeitschriften zu schauen. Von 1900 bis in die 50er Jahre ist vom Efeu als Zimmerpflanze darin nichts zu lesen.

Eine Wende brachte die Einführung neuer Efeurassen aus den USA. Bereits

1935 nahm der GartenbaubetriebKöniger in Aalen einen ersten Vertreter der in den USA entstandenen, neuen Efeurassen in Kultur. Es handelte sich um die Sorte 'Chicago' (= 'Pittsburgh'), die er von Wm. C. Hage und Co., Boskoop/NL erhalten hatte. Über diese neuen Rassen wird im Kapitel über die Winterhärte näher berichtet. Aus 'Chicago', dem frühen Vertreter der neuen Efeurassen in Deutschland, machte Königer seine Auslesen, von denen heute noch die Sorte 'Königers Auslese' im Handel ist.

Nach dem Zweiten Weltkrieg, etwa ab 1950, wurde der Zimmerefeu in Deutschland jedoch erst richtig bekannt. Es waren die Jungpflanzenbetriebe, vor allem Süptitz in Hamburg-Eidelstedt, die aus den USA über Holland einige Sorten dieser neuen Rassen einführten. Es seien vor allem 'Pittsburgh', 'Procumbens' und 'Procumbens fol. Variegatis' genannt. Fast gleichzeitig kamen aus deutschen Gärtnereien schon neue Sorten, so zum Beispiel 'Luzii' (1951) von Ernst Luz, Stuttgart-Fellbach. Kurz darauf brachte Emil Schäfer, Stuttgart-Fellbach, seine »Schäfer-Typen« auf den Markt. In Bockum-Hövel war es Hans Schmidt, der sich in den 50er Jahren mit seinen Efeukulturen einen Namen machte und mit neuen Sorten den Markt belebte: 'Prof. F. Tobler' (1957) und 'Direktor Badke' (1959).

Die Grünpflanzenproduktion in den Niederlanden und vor allem in Dänemark war und ist im Bereich Efeu auch nicht untätig. Es werden dort jährlich einige Millionen Efeupflanzen produziert und zum Teil auch in den deutschen Markt eingeschleust. Die Sortenvielfalt ist allerdings gering. Gegen 1970 befaßten sich ebenso in Deutschland Gärtnereien in größerem Stil mit dieser Pflanze, so die Gebr. Stauss in Möglingen bei Stuttgart und Franz Rogmans in Geldern. Viele Sorten, alte und neue, kamen durch die Efeusammlung der Gärtnerei Abtei Neuburg in Heidelberg aus den USA und England nach Deutschland. In den genannten Gärtnereien und anderen entstanden außerdem viele neue Sorten, wie aus dem nachfolgenden Sortiment zu ersehen ist. Der Efeu ist heute populär wie nie zuvor und als Zimmerpflanze nicht mehr wegzudenken.

Die Efeu-Arten

Der Efeu, *Hedera*, ist eine Gattung der Araliengewächse, der Familie der Araliaceen. Diese Familie bewohnt mit 66 Gattungen und 700 Arten vorwiegend die Tropen, und zwar das indomalayische Gebiet und die tropischen Gebiete Amerikas. Die heute mit dieser Familie nur schwach besiedelten Gebiete, Europa und Nordamerika, beherbergten in der Kreidezeit (vor 60—140 Mill. Jahren) eine reiche Araliaceenflora, wie fossile Funde zeigen.

Herkunft und Vorkommen in der Natur

In Europa findet man heute als einzige Araliaceen-Gattung noch *Hedera*, die auf Europa und Asien beschränkt ist. Die Gattung *Hedera* war in der Kreidezeit in Nordamerika und Europa, im Tertiär bis zum Miozän (Jungtertiär, 25 Mill. Jahre) in Nordamerika, im Eozän (Alttertiär, 50 Mill. Jahre) außerdem in Grönland und Alaska verbreitet.

Ursprünglich ist der Efeu also eine Kletterpflanze des tropischen Regenwaldes, und hat im Gegensatz zu anderen Pflanzen seinen ursprünglichen Charakter als tertiär tropische Kletterpflanze ziemlich treu bewahrt. Tropisches Erbgut sind unter anderem das wintergrüne Laubblatt, die Blüte im Spätherbst mit Fruchtreife im Frühjahr und die fehlende Samenruhe. *Hedera helix* ist erst im Pliozän, also in einem bereits kühleren Abschnitt der Tertiärzeit entstanden. Das Klima war damals in Europa vom heutigen nicht wesentlich verschieden.

Das heutige Areal der Gattung *Hedera* ist als ausgesprochenes Reliktareal zu bezeichnen. Von den indischen Gebirgen reicht es ostwärts bis China, Korea und Japan, westwärts bis zum Kaukasus, ans Schwarze Meer, ins Mittelmeergebiet und in Europa nördlich bis Skandinavien. Die über dieses Gebiet zerstreute Gattung in Arten einzuteilen, bereitete den Botanikern schon immer Schwierigkeiten, da die morphologischen Unterschiede gering sind.

Linke Seite: *Hedera helix* 'Arborescens'. Die Altersform blüht im September und kann in einigen Jahren zu einem ansehnlichen Busch heranwachsen.

Gemeinsame Merkmale

Alle Vertreter der Gattung *Hedera* sind verholzende, immergrüne Sträucher, die in ihrer Jugendform mit Hilfe von Haftwurzeln klettern. Bezeichnend für diese Gattung ist die ausgedehnte Jugendphase, in der die Blätter gelappt sind. Bei ungestörtem Wachstum an einem Baum, an Felswänden oder Mauern werden nach 7 bis 8 Jahren die Blätter zunehmend ungelappter, mehr herzförmig, bis endlich das Altersstadium erreicht ist. In diesem sind

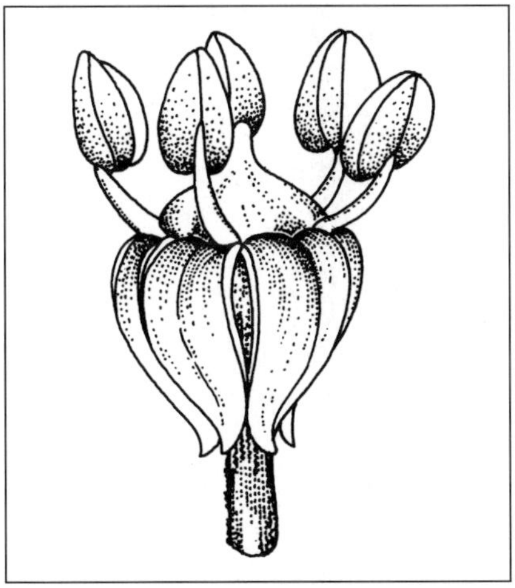

Die Efeublüte stark vergrößert: Die fünf Blütenblätter sind grünlichgelb. Die Staubblätter, ebenfalls fünf, haben eiförmige Staubbeutel, der Griffel ist dick und fleischig und lockt mit reichem Nektar viele Insekten an.

Heterophyllie des Efeus: Vom Keimling bis zur Altersform durchläuft eine Efeupflanze verschiedene Blattformen.

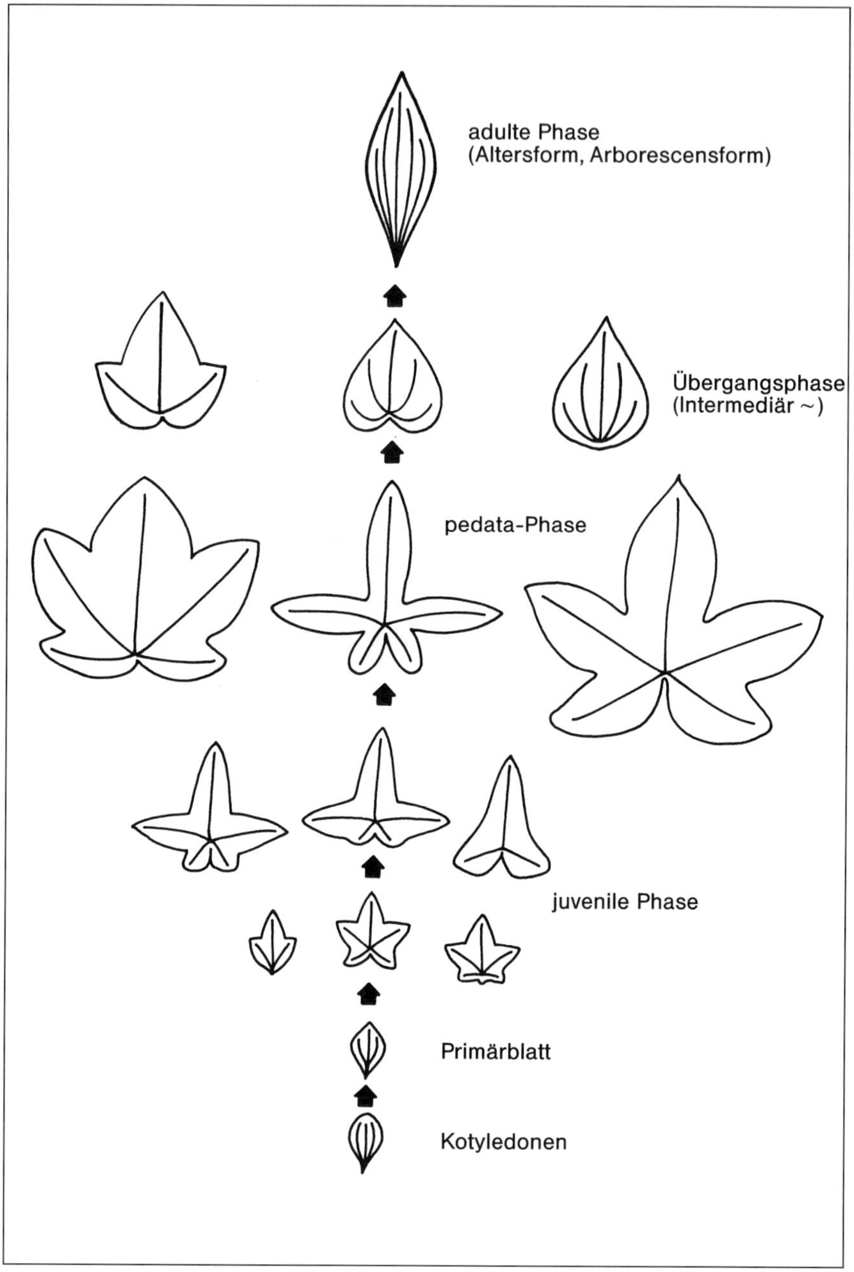

die Blätter ungelappt, spitz-eiförmig bis lanzettlich geformt und spiralig an den Zweigen der nun strauchartig wachsenden Pflanze angeordnet. Erst in dieser Phase bringt der Efeu Blüten und Früchte hervor, die endständig in kugeligen Dolden stehen. Die Blüte erscheint im September–Oktober, ist gelb-grünlich und nicht besonders auffallend. Es folgen die Beeren, die je nach Art schwarz, gelborange oder rotorange gefärbt sein können und erst im Frühjahr reifen.

Merkmale der Arten

Die Einteilung der Gattung *Hedera* in Arten war von jeher umstritten und wurde demzufolge sehr verschieden gehandhabt. Ihre Zahl reicht von 6 bis 13. Der Grund dafür liegt in der Variabilität und Instabilität der Gattung, aber auch in den geringen morphologischen Unterschieden. Erst durch neuere genetische Untersuchungen konnte man Arten nach ihrem Verbreitungsgebiet abgrenzen.

So wurde zum Beispiel bodenständiger Efeu Westfrankreichs und Spaniens als *Hedera hibernica* identifiziert, den man vorher einfach zu *Hedera helix* gerechnet hatte.

Eine Art wird beurteilt:

1. Nach ihrer geographischen Verbreitung, dem Gebiet also, das sie von Natur aus, ausschließlich der anderen Arten bewohnt.
2. Nach genetischen Unterschieden, also ihrem Chromosomensatz, und schließlich
3. nach den morphologischen Unterschieden, welche in der Behaarung, der Blattgröße, der Differenzen des Blütenstandes usw. bestehen.

Hedera algeriensis

(*H. canariensis* Willd., *H. helix* L. ssp. *canariensis*)

Vorkommen: Zentralalgerien, Tunesien, eventuell auch weiter im Innern Afrikas.
Chromosomensatz: tetrapolid 2n = 96
Behaarung: Schuppenhaare, klein, rotorange, anliegend.
Blätter/Wuchs: groß, glänzend. Seitenlappen etwas zur Seite gerichtet, Blattstiele meist weinrot. Wuchs stark.
Blütenstand: wenig verzweigte, kräftige Doldentraube. Je Dolde bis zu 40 Blüten. Beeren schwarz.
H. algeriensis wird häufig als *H. canariensis* bezeichnet. Man unterscheidet sie heute jedoch von *H. canariensis*, diploid 2n = 48, Blätter graugrün mit matter Oberfläche, Blattbasis breit-herzförmig, Lappen nach vorne gerichtet. *H. canariensis* ist nicht in Kultur.
Neben dieser unterscheidet man noch *H. azotica*, diploid 2n = 48, von den Azoren, und *H. maderensis*, hexaploid 2n = 144, mit *H. maderensis* ssp. *iberica* von Madeira, Südspanien und Portugal.

Hedera colchica

(H. roegneriana, H. coriacea, H. cordifolia)

Vorkommen: Kaukasus, südlich des Kaspischen Meeres bis in die östlichen Teile der Türkei, Schwarzes Meer. Als Relikt bis Syrien und Zypern.
Chromosomensatz: octopolid 2n = 192
Behaarung: Schuppenhaare, relativ groß, rotorange, anliegend, 25–30 Strahlen, meist über die Hälfte ihrer Länge miteinander verwachsen.

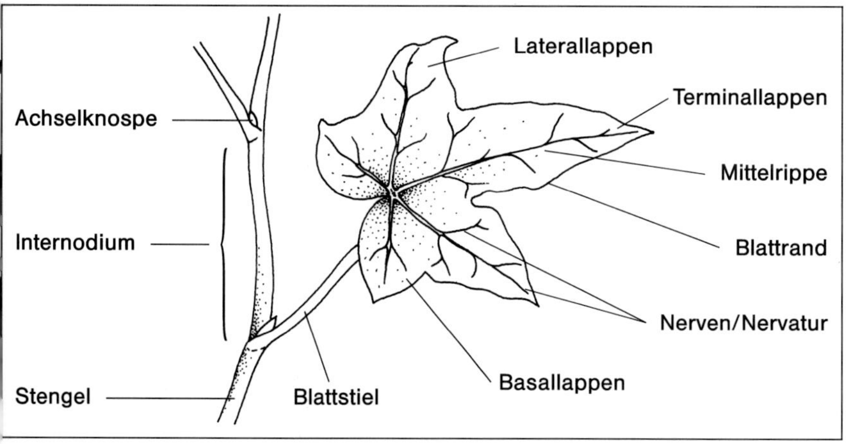

Efeutrieb und -blatt: Die Begriffe sind wichtig zum Verständnis der Sortenbeschreibungen.

Blätter/Wuchs: groß, dick und lederartig, oft ungelappt. Beim Zerreiben typischer Harzgeruch. Wuchs sehr stark.
Blütenstand: kräftige Dolde mit 12–35 Blüten. Beeren schwarz.
Hierzu gehören *H. robusta* aus Setzchuan in Westchina und *H. amurensis* aus dem Mündungsgebiet des Amur an der chinesisch-russischen Grenze.

Hedera helix L.

Vorkommen: Mitteleuropa. Im Norden bis Südskandinavien, im Osten bis in den westlichen Teil Rußlands, im Süden bis Anatolien und in den Kaukasus (hier das Gebiet mit *H. helix* ssp. *poetarum* teilend), im Westen bis zu den Britischen Inseln, die Gebiete von *H. hibernica* in Südfrankreich und Spanien jedoch weitgehendst meidend.
Chromosomensatz: diploid 2n = 48
Behaarung: weiße Schuppenhaare, nur am Grunde verwachsen, Strahlen in alle Richtungen ausgebreitet, 5- bis 6(8)strahlig (von Tobler als »Sternhaare« bezeichnet).
Blätter/Wuchs: unter 8 cm breit, 3- bis 5lappig, matt bis glänzend grün. Wuchs unterschiedlich stark.
Blütenstand: Einzelblüten in Dolden von 3 bis 67 Blüten, vorherrschend 8 bis 19. Beeren schwarz.
Die weitaus größte Zahl der Efeusorten entstammt dieser Art und ihren Rassen, auf die noch näher eingegangen wird (siehe Seite 21).

H. helix ssp. poetarum Nym.
(*H. helix* var. *poetica* Weston, *H. chrysocarpa*)

Vorkommen: Griechenland, Italien, Mittelmeerländer. Zum Teil angepflanzt.
Chromosomensatz: tetraploid 2n = 96
Behaarung: weißgelbliche Schuppenhaare, nur am Grund verwachsen, Strahlen in alle Richtungen ausgebreitet, 5 bis 6 Strahlen.
Blätter/Wuchs: bis 8 cm breit, 3- bis 5lappig, schwach gelappt, glänzend hellgrün. Wuchs etwas stärker als bei der typischen *H. helix*.
Blütenstand: Dolden von 10 bis 20 Einzelblüten. Blütenstand aus 5 bis 10 Dolden bestehend, locker aufgebaut. Beeren gelborange.
H. helix ssp. *poetarum* wurde bereits im Altertum wegen ihres Beerenschmucks und zur kultischen Verwendung kultiviert und durch Anpflanzung verbreitet, weshalb das ursprüngliche Areal nicht mehr erkennbar ist. In Mitteleuropa nur mäßig winterhart.

Hedera hibernica (Kirchner) Bean
(*H. helix* var. *hibernica* (hort. ex Kirchner) Jäg.)

Vorkommen: Entlang der Atlantikküste, Spanien, Westfrankreich, Irland, Inseln im Ärmelkanal, Insel Man, Westengland von Cornwall bis Hampshire, Insel Wight und Westwales.
Chromosomensatz: tetraploid 2n = 96
Behaarung: weiße Schuppenhaare. Strahlen sind nur am Grunde verwachsen und liegen parallel zur Blattoberfläche, weniger als 9 Strahlen.
Blätter/Wuchs: kann große Blätter hervorbringen, über 5 cm Breite, deutlich lederartig. Wuchs kräftig.
Blütenstand: Wesentlich größer als bei *H. helix*. Beeren schwarz.
Nicht identisch mit *H. hibernica* hort. ex Kirchner, oder *H. helix* var. *hibernica*; diese Bezeichnungen gelten der Sorte *H. hibernica* 'Hibernica'! Hierzu gehören viele Sorten, die teilweise der Sorte *H. hibernica* 'Hibernica' entstammen.

Hedera nepalensis K. Koch
(*H. himalaica* Tobler)

Vorkommen: Nordwesten des Himalaja (Nepal, Kaschmir) bis Afghanistan, Hochland von Hazara.
Chromosomensatz: diploid 2n = 48
Behaarung: orangerote Schuppenhaare, vielstrahlig, meist 15 bis 20 Strahlen, anliegend.

Blätter/Wuchs: relativ klein, graugrün, länglich, oft spitz gelappt. Triebe dünn, drahtig. Wuchs ziemlich schwach.
Blütenstand: 1 bis 8 kugelige Dolden, einzeln oder in Trauben zu 3 bis 8 zusammenstehend, mit je 5 bis 20 Blüten. Beeren rotorange.
Man unterscheidet noch *H. nepalensis* var. *sinensis*, Osthimalaja, China, mit ungelappten, dreieckigen Blättern und hellgrauer Blattzeichnung.

Hedera pastuchovii G. N. Woron.

Vorkommen: West- und Südufer des Kaspischen Meeres, Elbursgebirge, Zypern.
Chromosomensatz: hexaploid 2n = 144
Behaarung: orangerote Schuppenhaare, vielstrahlig, 13 bis 15 Strahlen, anliegend.
Blätter/Wuchs: klein, ledrig, meist länglich-dreieckig, kaum oder nicht gelappt, ohne ausgeprägte weiße Adern. Beim Zerreiben Harzgeruch, Triebe und Wuchs mittelstark.
Blütenstände: kugelige Dolden, einzeln oder in Trauben zu 3 bis 8, mit je 5 bis 20 Blüten. Beeren schwarz.
H. pastuchovii wird hie und da zum Kauf angeboten, ist jedoch nicht zuverlässig winterhart. Ebenso *H. pastuchovii* ssp. *cypria* aus Zypern mit kleinen, dreieckigen, bläulichgrünen Blättern, auf denen die Adern von hellen Zonen begleitet sind.

Hedera rhombea (Miq.) Bean

(*H. japonica* Paul non Jungh., *H. helix* var. *rhombea*)

Vorkommen: Japan, Riukyu-Inseln, Südkorea, Taiwan und eventuell Nordchina.
Chromosomensatz: diploid 2n = 48
Behaarung: rötlichgelbliche Schuppenhaare, klein, anliegend, mit 15 bis 20 Strahlen.
Blätter/Wuchs: »efeuförmig«, etwa genauso breit wie lang, ungelappt bis 5lappig, blaugrün, in der Größe von *H. helix*. Wuchs relativ schwach, Jungtriebe dünn, drahtig.

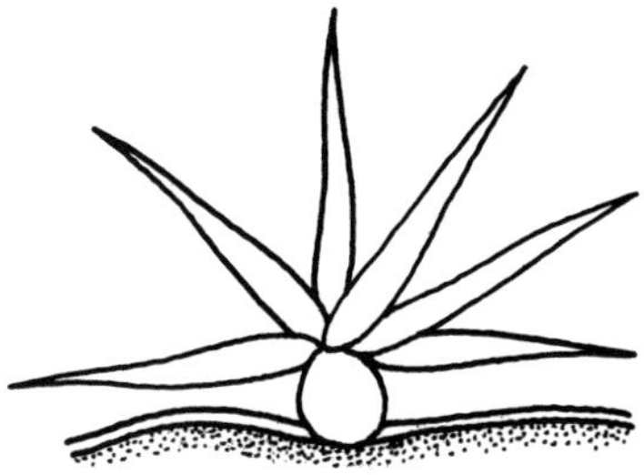

Hedera helix

Hedera hibernica

Hedera colchica

Schuppenhaare verschiedener Efeuarten, stark vergrößert. *Hedera helix*: Die Strahlen stehen in alle Richtungen. *H. hibernica*: Die Strahlen liegen parallel zur Blattoberfläche. *H. colchica*: Hier liegen sie ebenfalls parallel zur Blattoberfläche, sind jedoch meist über die Hälfte ihrer Länge miteinander verwachsen.

Blütenstand: Wenig verzweigte Doldentraube, von der mehrere Dolden zur Fruchtentwicklung gelangen. Beeren schwarz.
Von ihr wird eine Varietät *H. rhombea* var. *formosana* (Formosa) unterschieden, die jedoch gärtnerisch keine Bedeutung hat.

Entstehung der Sorten

Die unübersehbar große Zahl der Efeusorten, die wir heute zur Auswahl haben, ist aus den Arten durch drei grundlegende Vorgänge entstanden.

Variationen, die durch vegetative Vermehrung fixiert werden.

Eine Reihe von Sorten sind lediglich verklonte Entwicklungsstadien der ausgedehnten Heterophyllie des Efeus. Bei ungestörtem Wachstum kann zum Beispiel eine Sorte oder eine Art in die Übergangsphase gelangen und somit ihre Blattform verändern. Wird dieses Stadium vegetativ weitervermehrt, bleibt die Blattform erhalten. Die Sorten 'Glymii', 'Kleiner Diamant' und andere sind so entstanden. Auch die Arborescensformen sind hier zu nennen.

Ferner treten bei Efeu Variationen in der Blattgröße und Wuchsstärke auf, die ausgelesen und vegetativ weitervermehrt werden können.

Mutationen. Besonders von *Hedera helix* gibt es eine auffallend große Zahl von Sorten. Es ist dies ein Beweis für die Instabilität dieser Art. Mutationen und Gewebeumschichtungen sind so häufig, daß man auf eine künstliche Erzeugung von Mutationen, durch Bestrahlung oder andere Verfahren, verzichten kann. Durch die vegetative Vermehrung werden fast alle Seitenknospen eines Triebes zum Austrieb gebracht und somit auch eventuelle Mutationen in ihnen sichtbar. Die allermeisten Sorten sind demzufolge auch in Gärtnereien entstanden, die sich mit der Efeukultur befassen.

Einige Sorten, vor allem solche mit einer charakteristischen gelben Panaschierung, scheinen durch Viren verursacht zu sein ('Angularis Aurea', 'Spectabilis Aurea' und andere).

Verbänderungen. Auch durch Verbänderung (Fasciation) werden Blattform und Wuchs einer Sorte verändert, und es entsteht demzufolge eine neue Sorte, da diese Veränderungen vegetativ erhalten werden können. Eine Verbänderung ist eine pathologische, jedoch nicht parasitäre Erscheinung bei Pflanzen. Verletzungen der Vegetationsspitze können Veranlassung zur Vermehrung der Vegetationspunkte geben. Oder die Beengung des Vegetationspunktes kann beim Austrieb eine Verbänderung hervorrufen. Beides ist bei der Efeukultur durch den Stecklingsschnitt gegeben. Die verbänderten Efeus sind dies oft nur in schwacher Form, so daß man die Verbänderung nur an der gelegentlichen Gabelung eines Triebes oder den wechselnden Internodienlängen erkennen kann.

Die Winterhärte des Efeus

Es ist leicht verständlich, daß die verschiedenen *Hedera*-Arten auch unterschiedliche Winterhärten aufweisen. Das Gros der Efeusorten jedoch stellt *Hedera helix*, und es überrascht und bedarf einer kurzen Erklärung, wieso bei dieser Art die Winterhärte der einzelnen Sorten so unterschiedlich ist.

Der Grund dieser Uneinheitlichkeit liegt zum einen im großen Verbreitungsgebiet von *Hedera helix*. In den unterschiedlichen Klimaten dieses Gebietes konnten sich eigene Rassen mit differenzierter Winterhärte bilden. Dazu kommt, daß einzelne Sorten zu *Hedera hibernica* oder auch zu *Hedera poetarum* gehören, ohne daß dies bekannt oder offensichtlich wäre. So gehören zum Beispiel 'Deltoidea' und 'Sulphurea' zu *Hedera hibernica*, 'Chester' wahrscheinlich zum »Kanal-Insel-Efeu«.

Von noch größerer Bedeutung für die unterschiedlichen Winterhärten sind Rassen von *Hedera helix*, welche in Gewächshauskultur entstanden sind. Neben anderen Wuchseigenschaften besitzen diese nämlich auch eine abweichende Winterhärte. Die meisten Sorten hat 'Pittsburgh' hervorgebracht, die zwischen 1915 und 1920 in den USA entstanden ist und kurz vor 1927 unter dem genannten Namen von P.S. Randolph, Verona, PA, USA in den Handel eingeführt wurde. Seitdem entstanden aus dieser Sorte rund 40 neue Sorten, mittelbar oder unmittelbar. So gut die Wuchseigenschaften all dieser Sorten sind – dicht mit Blättern besetzte Triebe, besserer Zuwachs im Winter, im Haus –, ihre Winterhärte ist geringer als bei einem Abkömmling des gewöhnlichen *Hedera helix*, der zur Unterscheidung *Hedera helix* Typica genannt werden soll. Einem Efeu der Pittsburgh-Rasse werden zum Beispiel in einem strengen Winter an einer Mauer wachsend die Blätter erfrieren, die dann im Frühjahr abfallen. In solch einem Fall schlagen die Triebe meist wieder aus. In gleicher Situation wird ein *Hedera helix* Typica keinen Schaden nehmen.

In rauhen Gegenden Deutschlands kann in extrem strengen Wintern bei Temperaturen um und unter –20 °C jeder Efeu außer *Hedera helix* Typica (Winterhärte XXX, Schlüssel zu den Winterhärtezeichen siehe Seite 25) ganz ausgerottet werden. Ob Efeu in einer extrem rauhen Lage überhaupt angepflanzt werden kann, sieht man daran, ob er wild in der Natur zu finden ist. Trifft dies zu, kann man Sorten mit Winterhärte XXX anpflanzen.

Wie wir sahen, richtet sich der Grad der Winterhärte bei einer Sorte nach deren Rassenzugehörigkeit. Dies kann jedoch uneingeschränkt nur für die reingrünen Sorten gelten. Die buntblättrigen Sorten sind ja durch Chlorophyllmangel geschwächt. Hier müssen von der spezifischen Winterhärte der jeweiligen Rasse Abstriche gemacht werden, die sich nach dem Umfang des Chlorophyllmangels richten. Je mehr chlorophyllfreie Teile, desto geringer die Winterhärte!

Schließlich sei noch darauf hingewiesen, daß bei weitem nicht alle Schäden, die über Winter am Efeu auftreten, der spezifischen Winterhärte der jeweiligen Art oder Sorte zuzuschreiben sind. So können zum Beispiel Schäden, die von Staunässe und versauertem Boden herrühren, durchaus mit Frostschäden verwechselt werden. Ferner kann man feststellen, daß die Einwirkung der Sonne im Sommer die

Winterhärte des Efeus erhöht. So fördernd aber für die Winterhärte die Sonne im Sommer ist, so schädlich ist sie im Winter bei starkem Frost. Steht nun der Efeu im Sommer im Schatten, zum Beispiel unter einem Laubbaum, und im Winter in der Sonne, so ist er besonders gefährdet.

In einem extrem kalten Winter ist es von großer Bedeutung, wie lange eine Efeupflanze schon ihren Standort bewohnt. Denn je älter sie ist, desto tiefer gehen ihre Wurzeln in den Boden, und desto weniger wird ihr eine strenge Frostperiode Schaden zufügen können.

Trotzdem ist die spezifische Winterhärte einer Art oder Sorte von großer Bedeutung bei deren Verwendung. Bei jeder Art und Sorte ist diese spezifische Winterhärte in Zeichen von 0 bis XXX angegeben. Der Schlüssel zu diesen Zeichen ist im folgenden Kapitel zu finden. Wie die oben genannte Pittsburgh-Kulturrasse unterscheidet man noch eine Maple Queen-Rasse und eine California-Rasse, deren Ausgangssorten im nachfolgenden Sortiment enthalten sind.

Diese drei Kulturrassen sind in der Winterhärte sehr ähnlich. Die Maple Queen ist am besten, California fast mit Pittsburgh gleichzusetzen.

Rassenmerkmale

Die Rasse eines Efeus nach äußeren Merkmalen zu bestimmen ist nicht ganz leicht. Fast nicht zu unterscheiden ist die Maple Queen-Rasse von der California-Rasse. Hier muß man schon die Sorte und ihre Zugehörigkeit kennen. Diese beiden Rassen von der Pittsburgh-Rasse zu unterscheiden erfordert auch noch einige Übung. Diese drei Rassen von Helix-Typica-Efeu sowie den übrigen Arten zu unterscheiden, bereitet kaum Schwierigkeiten. In der Folge wurde der Versuch unternommen, die Merkmale tabellarisch zusammenzustellen.

Die Ursprungspflanze der Pittsburgh-Rasse, aus der seit 1920 viele Sorten entstanden sind.

Rassenmerkmale

Merkmale Rasse	**Blattgröße** (sortenbedingt und deshalb relativ)	**Textur** (sortenbedingt und deshalb relativ)	**Blattfärbung** (bei den rein grünen Sorten)	**Winterfärbung** (auch innerhalb einer Rasse gibt es Schwankungen)	**Behaarung** (an den jungen Trieben gut zu erkennen)	**Winterruhe/ Austrieb** (in leicht geheizten Gewächshäusern kann man die Winterruhe der einzelnen Rassen am besten beobachten)	**Besondere Merkmale**
Helix-Typica-Efeu	klein–mittel 3–8 cm breit	mittel	dunkelgrün	stark	stark	spät	kein selbstverzweigender Charakter
Pittsburgh	mittel 5–8 cm breit	dünn	hellgrün	schwach	schwach	früh	selbstverzweigend
Maple Queen	klein–mittel 3–8 cm breit	mittel	mittelgrün	schwach	schwach	früh–mittel	selbstverzweigend; gegenüber Pittsburgh Blattadern deutlich erhaben
California	klein–mittel 3–8 cm breit	mittel	mittelgrün	schwach	schwach	früh–mittel	selbstverzweigend; gegenüber Pittsburgh Blattadern deutlich erhaben
Atlantic-Efeu	groß, oft über 8 cm breit	dick	mittelgrün	schwach–mittel	mittel	früh–mittel	meist auffallend lange Blattstiele
Algeriensis	sehr groß meist über 8 cm–15 cm	mittel	hellgrün	schwach	schwach	früh	rote Blattstiele
Colchica	sehr groß, oft über 8 cm–12 cm breit	sehr dick	dunkelgrün, außer *H. colchica* 'Dentata'	mittel	mittel	spät	starker Harzgeruch des Saftes

'Buttercup'

Efeu-Sorten von A bis Z

Die Beschreibung der im Anschluß vorgestellten Sorten folgt einem einheitlichen Schema:

Name der Sorte

(Züchter, Jahr der Entstehung, Staat)

Register-Nummer der American Ivy Society, welche beauftragt ist, die Registrierung der Efeusorten vorzunehmen.

Entstanden aus: Manchmal ist die Ursprungssorte nicht bekannt, jedoch entferntere Vorfahren, die dann unter Beifügung von »mittelbar entstanden« genannt werden.

Rasse: Helix-Typica-Efeu, Pittsburgh, Maple Queen, California, Atlantik-Efeu, Colchica-Efeu, Canariensis-Efeu.

Winterhärte: Aus der Zuordnung der betreffenden Sorte zu ihrer geographischen Rasse ergibt sich auch ihre Winterhärte. Schlüssel zu den Winterhärtezeichen:
0 = Ungenügende Winterhärte. Nur als Zimmerpflanze geeignet.
X = Mäßige Winterhärte. Die Sorte kann in mildem Klima und an geschützten Stellen verwendet werden.
XX = Gute Winterhärte. Die Sorte sollte in den rauhesten Lagen Deutschlands nicht mehr angepflanzt werden.
XXX = Sehr gute Winterhärte. Die Sorte kann auch in den rauhesten Lagen Deutschlands angepflanzt werden.

Laub: 1. Färbung der Blätter, bei einfarbig grünen Sorten: dunkelgrün, mittelgrün, hellgrün, sattgrün, gelblichgrün, olivgrün usw., mit Zusätzen: glänzend oder matt.
Bei panaschierten Sorten: Mittelpanaschierung grau, graugrün, silbergrau, gelb. Randpanaschierung weiß, gelblichweiß, creme, elfenbein usw.
2. Blattgröße: Blattbasis bis Blattspitze in cm mal Breite des Blattes in cm. Die Maße sind von kleineren und größeren Blättern genommen, nicht von kleinsten und größten Blättern!

Wuchs: 1. Wuchsstärke: sehr stark, stark, mittelstark, mittelschwach, schwach.
2. Triebe: Mehr oder weniger dichter Blätterbesatz an den Trieben. Vor allem die Kulturrassen (Pittsburgh, Maple Queen und California) haben einen »sich-selbst-verzweigenden« Wuchscharakter, der von den Botanikern Lawrence und Schulze (1942) als sogenannter »Ramosakomplex« beschrieben wurde.
Die Färbung der Triebe ist meist grünlich bis bräunlich, manchmal jedoch abweichend davon: rosa, rötlich, rotbraun ... Dies wird dann in den Beschreibungen hervorgehoben.
Manche Sorten wachsen zufolge der engen Blattabstände (gestauchter Sproß), oder durch Verbänderung, zunächst aufrecht, was im gegebenen Fall erwähnt wird.

Linke Seite: Vielgestaltigkeit der Efeusorten: 'Buttercup' (im Hintergrund), die großblättrige 'Hibernica', 'Conglomerata', aufrechtwachsend, 'Paper Doll' mit vollkommen unregelmäßigen Blättern und der Zwergefeu 'Spetchley', der zu *Hedera pastuchovii* gehört.

Kletternder Jugendtrieb (links) und Alterstrieb mit Früchten (rechts). Efeu hat eine sehr lange Jugendphase. Frühestens nach 7 bis 8 Jahren erreicht er die blühfähige Altersform.

Ferner können die Triebe auffällig gebogen und gewunden sein.
3. Internodien: Der Abstand zwischen zwei Blättern (Internodium) wird in durchschnittlichen Maßen in cm angegeben, als Ergänzung zur Dichte des Blattbesatzes.

Es folgen Angaben über die Verwendungsmöglichkeiten der betreffenden Sorte. Vor allem wird dargestellt, inwieweit sie noch im Freiland Verwendung finden kann. Gegebenenfalls werden Angaben über Besonderheiten aus der Geschichte gemacht, wichtige Synonyme genannt usw.

'Alt Heidelberg'

'Alt Heidelberg'
(Neuburg 1972, D)

Entstanden aus: 'Merion Beauty' (Faust 1935, USA)
Rasse: Pittsburgh
Winterhärte: ××
Laub: dunkelgrün, rautenförmig, stumpf gerundete Blattspitzen. Größe 2 bis 3 mal 1,0 bis 1,5 cm.
Wuchs: schwach. Triebe dünn und wellig gebogen. Internodien 0,3 bis 1,0 cm.
'Alt Heidelberg' unterscheidet sich deutlich von anderen Efeusorten durch ihre kleinen, an Eichenlaub *(Quercus × schochiana)* erinnernden Blätter, die eigentlich ohne Blattstiel am Trieb sitzen. Jeder Sammler wird bestrebt sein, diese Sorte zu besitzen. Die kompakt wachsende Pflanze bietet sich als Topf- und Ampelpflanze an. Nach dem Grad ihrer Winterhärte ist sie jedoch auch im Freien gut zu verwenden; allerdings nicht für Flächen (auch kleine Flächen wie zum Beispiel Gräber), weil sie häufig Rückschläge in die Ausgangsform bildet, welche entfernt werden müßten, damit ein einheitliches Bild gewahrt bleibt. Als Einzelpflanze in Kästen, Trögen und auf Beeten ausgepflanzt, ist diese Sorte sehr interessant. Sehr schön läßt sich auch ein Bonsai mit dieser Sorte gestalten, da der Trieb von Natur aus etwas gewunden ist. Einen etwa 8 Jahre alten Bonsai der Sorte 'Alt Heidelberg' zeigt ein Foto auf Seite 88.

'Atropurpurea'

'Atropurpurea'
(Williams 1880, GB)

Entstanden aus: *Hedera helix* Typica
Rasse: Helix-Typica-Efeu
Winterhärte: ×××
Laub: dunkelgrün. Im Winter stark dunkelrotbraun, schon bei kühler Witterung gerötet. 5lappig. Größe 5 bis 6 mal 4 bis 5 cm.
Wuchs: mittelstark. Triebe verhältnismäßig gut mit Blättern besetzt. Internodien 1,5 bis 3,0 cm.
Das Besondere an dieser Sorte ist die sehr gute Winterhärte. Sie eignet sich vor allem für jegliche Art von Berankung, besonders in exponierten Lagen und rauhen Gegenden. Ebenfalls interessant ist sie in Kästen und Kübeln, wo man im Wechsel mit grünbleibenden und bunten Sorten einen guten Kontrast erzielen kann.

'Anna Marie'
(? um 1960, DK)

Entstanden aus: 'Harald' (Melin 1958, DK)
Rasse: Pittsburgh
Winterhärte: 0 bis ×
Laub: cremegerandete Blätter mit grüngrauer Mittelpanaschierung. 5lapiig. Lappen oft gerundet. Größe 3 bis 4 mal 5 bis 6 cm.
Wuchs: stark. Dichtbeblätterte, etwas steife Triebe. Internodien 2 bis 3 cm.
Ein starkwachsender, buntblättriger Efeu mit vielen Verwendungsmöglichkeiten. Vor allem als gut garnierte Topf- und Ampelpflanze fürs Zimmer zu verwenden, in milden Gegenden Deutschlands aber auch in Balkonkästen und Trögen sowie sogar als Bodendecker auf kleinen Flächen, zum Beispiel Gräbern.

'Baden Baden'
(Stauss 1980, D)

Entstanden aus: 'California' (Weber 1939, USA)
Rasse: California
Winterhärte: 0 bis ×

Laub: mittelgrün, matt. 5lappig. Lappen 5 bis 8 mm breit und nach unten gebogen. Größe 6,0 bis 4,5 mal 7,0 bis 5,5 cm.
Wuchs: mittelstark. Triebe verhältnismäßig gut mit Blättern besetzt. Blattstiele oft etwas lang. Internodien 2 bis 3 cm.
Sehr ähnlich der Sorte 'Baden Baden' ist 'Asterisk' (Krekler 1970, USA, Reg.-Nr. 80 282), die vielleicht das Gegenstück zu 'Baden Baden' aus der Pittsburgh-Rasse darstellt. Beide Sorten sind gute Topf- und Ampelpflanzen fürs Zimmer. Im Freien sind sie gut in Kästen und Trögen, in halbschattiger Lage zu verwenden, sowie als Einzelpflanze auf Beeten ausgepflanzt. Für Berankungen im Freien scheiden sie schon wegen ihrer geringen Winterhärte aus, aber auch weil sich die typische Blattform im Laufe der Zeit verändert.

'Big Deal'
(Williams 1970, USA)

Entstanden aus: 'Maple Queen' (Hahn 1940, USA)
Rasse: Maple Queen
Winterhärte: × bis ××
Laub: mittelgrüne, runde Blätter mit abwärtsgebogenen und gekräuselten Rändern. Größe 4 bis 6 mal 3 bis 6 cm.
Wuchs: mittelstark. Triebe gut mit Blättern besetzt. Internodien 3 bis 6 cm.
'Big Deal' ist eine interessante Sorte, deren rundliche Blätter an Geranienblätter erinnern, weshalb sie auch »Geranien-Efeu« genannt wird. Neben der Verwendung als Topfpflanze im Zimmer kommt diese Sorte zur mannigfaltigen Verwendung im Freien in Frage, zum Beispiel in Kästen, Schalen, Trögen und als Einzelpflanze auf Beeten.

'Boskoop'
(Boer 1960, NL)

Entstanden aus: 'Green Ripple' (Hahn 1930, USA)
Rasse: Maple Queen
Winterhärte: ××
Laub: sattgrüne, 5lappige Blätter mit welligen Rändern und spitz zulaufenden Lappen. Seitenlappen nach vorne gerichtet. Größe 5 bis 8 mal 4 bis 7 cm.
Wuchs: mittelschwach. Drahtige, oft gebogene Triebe. Internodien 2,0 bis 3,5 cm.
Die fächerartigen, gekräuselten und ledrigen Blätter geben der Pflanze ein kurioses Aussehen. Durch die verhältnismäßig gute Winterhärte bestehen vielfältige Verwendungsmöglichkeiten. Neben der Verwendung in der Wohnung kommt hauptsächlich eine solche in Kästen, Trögen und auf kleinen Flächen in Frage.

'Anna Marie' wird gerne in Kästen und Kübeln verwendet.

'Buttercup'
(Smith 1925, GB)

Entstanden aus: *Hedera helix* Typica
Rasse: Helix-Typica-Efeu
Winterhärte: ××
Laub: am frischen Austrieb, vor allem im Frühjahr, leuchtendgelb. Sonst in der Sonne gelbgrün, im Schatten hellgrün. 5lappig. Größe 5 bis 7 mal 6 bis 8 cm.
Wuchs: mittelstark. Triebe verhältnismäßig gut mit Blättern besetzt. Internodien 1,0 bis 2,5 cm.
Eine gelbblättrige Sorte für außen. Vielseitig verwendbar, jedoch nicht als Bodendecker, weil hier die gelbe Färbung verlorengeht. 'Buttercup' ist ein Kletterefeu, für nicht zu hohe Wände (3 bis 4 m) und andere Gegenstände geeignet, aber auch zur Bepflanzung von Balkonkästen und Gefäßen jeder Art. Vor allem der Frühjahrsaustrieb ist leuchtend gelb.

'Big Deal'

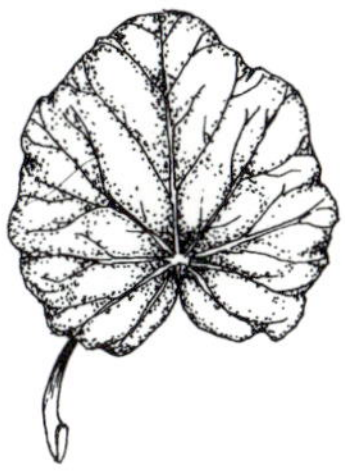

'Boskoop'

'Caecilia', interessant und anziehend durch ihr buntkrauses Gelock.

'Caecilia'
(Rogmans 1976, D)

Entstanden aus: 'Harald' (Melin 1958, DK)
Rasse: Pittsburgh
Winterhärte: 0
Laub: Blattränder stark kraus, unregelmäßig breit cremegelb gerandet. Mitte graugrün und dunkelgrün. 3- bis 5lappig. Größe 3 bis 4 mal 3,5 bis 4,5 cm.
Wuchs: mittelstark. Etwas langsamer wachsend als 'Harald'. Internodien 2,0 bis 3,5 cm.
Im Wuchs und in der Blattzeichnung ähnelt 'Caecilia' sehr der Ausgangssorte 'Harald'. Der stark gewellte und krause Blattrand stellt sie jedoch unter die besonderen Efeusorten. Es ist eine gute und beliebte Zimmerpflanze, hängend in Ampeln oder am Spalier gezogen. Natürlich kann man in mildem Klima auch einen Versuch draußen, aber in Hausnähe wagen.

'California'

'California'
(Weber 1939, USA)

Ausgangsform unbekannt.
Rasse: Ursprungspflanze der California-Rasse.
Winterhärte: × bis ××
Laub: dunkelgrüne, 3- bis 5lappige Blätter. Größe 3,5 bis 4,5 mal 3,0 bis 3,5 cm.
Wuchs: mittelstark. Die Triebe sind gut mit Blättern besetzt, so daß die Pflanze gut garniert und buschig wirkt. Internodien 2 bis 3 cm.
Dieser, zwar nicht gerade außergewöhnliche, Efeu eignet sich aufgrund seiner verhältnismäßig guten Winterhärte sehr gut für viele Situationen im Freiland. Es ist eine schöne Pflanze für Tröge, Kästen und kleine Anpflanzungen.

'California Gold'
(Weber ? 1950, USA)

Entstanden aus: 'California'
Rasse: California
Winterhärte: 0 bis ×
Laub: hellgrüne Sprenkel unterschiedlicher Größe auf gelblichweißem Grund. 5lappig, gewelltes Blatt. Größe 3 bis 4 mal 4 bis 7 cm.
Wuchs: schwach. Dicht beblätterte, steife Triebe. Internodien 1,0 bis 1,5 cm.
Durch das gewellte Blatt, verbunden mit einem kompakten Wuchs, ist 'California Gold' eine interessante, gefällige Sorte, die man vor allem in Kästen und Trögen anwenden sollte. Natürlich ist sie auch eine dekorative Zimmerpflanze. 'Masquerade' hat die gleiche Färbung, jedoch ein flaches Blatt und weitere Blattabstände.

'Chester'
(? 1977, DK)

Entstanden um 1977 in Dänemark. Ausgangspflanze ist nicht bekannt. Nach Rückschlägen zu schließen, könnte es ein »Kanal-Insel-Efeu« gewesen sein (eigene Rasse).
Rasse: Kanal-Insel-Efeu
Winterhärte: 0
Laub: gelblichweiße Randpanaschierung mit grüner Mitte. Schwach 3lappig, flache Einbuchtungen, so daß das Blatt fast dreieckig ist. Blätter dünn, papierartig. Größe 3,0 bis 3,5 mal 4,5 bis 5,0 cm.
Wuchs: stark bis mittelstark. Dünne, lokker mit Blättern besetzte Triebe. Internodien 2,0 bis 2,5 cm.
Bei hellem Standort eine gute Zimmerpflanze für Ampel, Spalier und Topf. Verwendung im Freien nicht ratsam.

'Congesta'
(Young 1887, GB)

Entstanden aus: *Hedera helix* Typica
Rasse: Helix-Typica-Rasse
Winterhärte: XXX
Laub: dunkelgrün. 3lappig, ältere Blätter auch 5lappig. Lappen zugespitzt. Helle Aderung. Größe 3 bis 4 mal 2 bis 3 cm.
Wuchs: schwach. Zufolge der kurzen Internodien aufrechter Wuchs. Triebe verdickt, nicht kletternd. Internodien 0,5 bis 1,0 cm.
'Congesta' ist sehr ähnlich der Sorte 'Erecta', jedoch zierlicher als diese. Bis etwa 40 cm ist ihr Wuchs aufrecht. Dann legen sich die Triebe jedoch zur Seite. Deshalb ist ein zeitiger Rückschnitt zweckmäßig. Vielfache Verwendung im Freien, aber auch als interessante Topfpflanze für innen. Für Berankungen ist 'Congesta' nicht geeignet, da sie nicht klettert.

'Conglomerata'
(Haage und Schmidt 1870, D)

Entstanden aus: *Hedera helix* Typica
Rasse: Helix-Typica-Efeu
Winterhärte: XXX
Laub: dunkelgrün, glänzend. Ungelapptes bis 3lappiges Blatt. Ränder gewellt. Blattadern etwas erhaben. Größe 1 bis 3 mal 2 bis 4 cm.
Wuchs: mittelschwach bis schwach. Triebe oft leicht abgeflacht. Kriechend, sich an den Spitzen aufrichtend. Auch kletternd. Sehr kurze Internodien, bis 1 cm.
Diese eigentümliche Sorte bildet einen niedrigen Busch und ist als solcher für den Steingarten geeignet, weshalb sie oft als »Steingartenefeu« bezeichnet wird. Natürlich ist die Verwendung dieser Sorte vielfältiger. Als kleine Solitärpflanze kann man sie vorteilhaft in Kästen, Trögen, auf Beeten oder Gräbern verwenden. Sogar niedrige Mauersockel können mit ihr berankt werden.

'Deltoidea'
(um 1870, GB)

Entstanden aus: 'Hibernica'
Rasse: Atlantic-Efeu
Winterhärte: XX bis XXX
Laub: Die schildförmigen, hellgrünen Blätter röten sich in sonniger Lage stark, und die Pflanze besitzt dann eine höhere Winterhärte (XXX). Größe 6 bis 10 mal 8 bis 10 cm.
Wuchs: mittelschwach bis schwach. An den steifen Trieben sitzen die kurzgestielten Blätter im Abstand von 2 bis 3 cm. Dieser bekannte Efeu wird gerne verwendet für kleine und größere Flächen in sonniger und halbschattiger Lage. Ebenfalls gut geeignet ist er für Kästen und Tröge sowie zur Berankung von niederen Mauern. Als Topfpflanze wird diese Sorte in den USA zum Valentinstag, 14. Februar, gerne gekauft und verschenkt, als »Sweetheart«, Herzchenefeu. Die Sorte ist in Deutschland oft unter dem falschen Namen 'Ovata' im Handel.

'Dentata'
(Ruprecht 1860, D)

Wildform aus dem Kaukasus.
Rasse: Colchica-Efeu
Winterhärte: XX
Laub: mittelgrün. Ungelappt, eiförmig. Blattränder unregelmäßig mit feinen Zähnen besetzt. Größe 15 bis 20 mal 15 bis 17 cm, oft bis zu einer Länge von 20 cm und mehr.
Wuchs: sehr stark. Triebe mit gelben Schuppenhaaren besetzt. Internodien 6 bis 10 cm.
'Dentata' ist der großblättrigste Efeu fürs Freie. Er eignet sich für jegliche Berankung, jedoch nicht in den rauhesten Lagen. Ferner ist er ein guter Bodendecker für nicht zu kleine Flächen, auch an Böschungen, und zur Bepflanzung von großen Gefäßen geeignet.

'Congesta'

'Conglomerata'

***Hedera colchica* 'Dentata Variegata', eine der großblättrigsten bunten Efeusorten.**

'Dentata Variegata'
(Russel 1907, GB)

Entstanden aus: *Hedera colchica* 'Dentata'
Rasse: Colchica-Efeu
Winterhärte: ××
Laub: hellgrün mit graugrüner Mitte und gelblichweißer, sehr unregelmäßig breiter Randpanaschierung. Ungelappt, eiförmig. Blattränder unterschiedlich dicht mit feinen Zähnchen besetzt. Größe 15 bis 20 mal 15 bis 17 cm.
Wuchs: stark. Triebe mit gelblichen Schuppenhaaren besetzt. Internodien 4 bis 6 cm.
Der großblättrigste, bunte Freilandefeu! Sehr effektvoll in Innenhöfen und Gärten, zur Berankung von Mauern, Zäunen und ähnlichem, sowie als Bodendecker, in Kästen und Trögen. Gelegentlich wird auch die Altersform dieser Sorte zum Verkauf angeboten, die man als schönen, immergrünen Kleinstrauch zu den verschiedensten Zwecken verwenden kann.

'Direktor Badke'

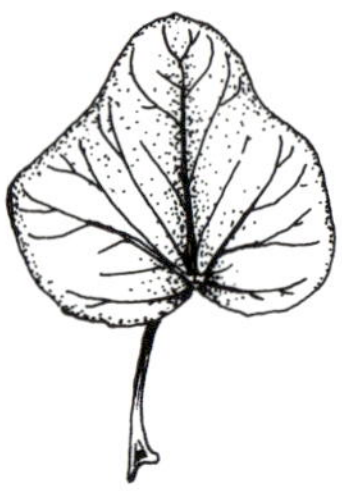

'Diana'
(Rogmans 1977, D)
Reg.-Nr. AIS 81-17-82

Entstanden aus: 'Sylvanian'
Rasse: Pittsburgh
Winterhärte: × bis ××
Laub: mittelgrün. Ungelappt oder andeutungsweise 3lappig. Enden der Lappen und Blattrand mit kleinen Zähnen versehen. Größe 4 bis 6 mal 2,5 bis 4,0 cm.
Wuchs: mittelstark. Internodien 1,0 bis 2,5 cm.
Großblättrige, dekorative Topf- und Ampelpflanze fürs Zimmer. In mildem Klima kann 'Diana' auch im Freien verwendet werden, selbst für kleinere Flächen. 'Sylvanian' ähnelt 'Diana' in der Blattform und Flächenwirkung sehr.

'Digitata Hesse'
(? 1968, D)

Entstanden aus: *Hedera helix* Typica
Rasse: Helix-Typica-Efeu
Winterhärte: ×××
Laub: dunkelgrün, im Winter rotbraune Färbung. Im jungen Stadium 3lappig, später 5lappig. Größe 4 bis 5 mal 4 bis 4 cm.
Wuchs: mittelstark. Triebe gut mit Blättern besetzt. Internodien 2 bis 4 cm.
Diese Sorte wurde von der Fa. Hesse, Weener, um 1968 unter dem Namen 'Digitata' angeboten und wird seitdem von der Gärtnerei Abtei Neuburg, Heidelberg, unter den Namen 'Digitata Hesse' verbreitet. Es handelt sich hierbei nicht um die echte 'Digitata', welche bereits 1825 in England bekannt war und ausgeprägt gefingerte Blätter hat. Eine Neubenennung dieser Sorte steht noch aus. Dieser Efeu ist sehr robust und für alle Zwecke im Freiland zu verwenden, zum Beispiel für Flächenbegrünung jeder Art, von sonniger bis schattiger Lage, Haus- und Mauerbegrünung sowie Berankungen jeglicher Art.

'Direktor Badke'
(Schmidt 1958, D)

Entstanden aus: 'Procumbens' ('Merion Beauty')
Rasse: Pittsburgh
Winterhärte: 0 bis ×
Laub: mittelgrün. 3lappige Blätter mit runden Lappen, fast kleeblattartig. Größe 1,5 bis 3,5 mal 3,0 bis 3,5 cm.
Wuchs: mittelstark bis mittelschwach, selbstverzweigend. Internodien 1,5 bis 2,0 cm.

Dieser interessante »Kleeblattefeu« wurde von seinem Züchter, Hans Schmidt, Bockum-Hövel, nach Richard Badke benannt, dem ehemaligen Leiter der Gartenbauschule und gärtnerischen Versuchsanstalt Wolbeck (1930 bis 1936). 'Direktor Badke' ist ein guter Zimmerefeu, aber auch in Kästen, Kübeln und an geschützten Stellen im Freien gut zu verwenden.

'Donerailensis'

(Cork 1854, GB)

Entstanden aus: *Hedera helix* Typica
Rasse: Helix-Typica-Efeu
Winterhärte: ×××
Laub: dunkelgrün, matt, schon bei geringer Kälte eine leichte rotbraune Färbung zeigend. Im Winter, vor allem bei sonnigem Stand intensiv rotbraun. Ausgeprägtes, 3lappiges Efeublatt. Größe 5 bis 6 mal 5 bis 6 cm.
Wuchs: mittelstark. Internodien 4 bis 5 cm.
Wenn sich eine Sorte mehr als ein Jahrhundert erhält, so ist das sicher ein Zeichen für ihre Brauchbarkeit. 'Donerailensis' mit ihrem ausgeprägten Efeublatt ist vor allem ein robuster Bodendecker, aber auch für jede Berankung sehr gut geeignet, vor allem in rauhen Lagen.

'Eugen Hahn'

(Stauss 1976, D)

Entstanden aus: 'Sylvanian' (Hahn 1940, USA)
Rasse: Pittsburgh
Winterhärte: 0 bis ×
Laub: hellgrün, dunkelgrün und weiß bis gelblichweiß gefleckt und gesprenkelt. Schwach 3lappig, oft ungelappt oder nur mit einem Basallappen versehen. Größe 3 bis 4 mal 3 bis 5 cm.
Wuchs: stark bis mittelstark, wie bei der Ausgangssorte 'Sylvanian'. Triebe dicht mit Blättern besetzt. Internodien 1,5 bis 3,0 cm.
Diese schöne Sorte zeigt leider eine starke Tendenz zur Vergrünung und erfordert deshalb bei der Stecklingsvermehrung eine strenge Auslese. Es ist eine gute Zimmerpflanze, mit der man jedoch auch einen Versuch im Kasten auf dem Balkon oder im Kübel riskieren kann.

'Eva', ein altbewährter Zimmerefeu.

'Eva'

(Melin 1960, DK)

Entstanden aus: 'Harald' oder 'Ingrid'
Rasse: Pittsburgh
Winterhärte: 0
Laub: graugrünes Blattzentrum mit dunkelgrünen Flecken. Gelblichweiße Randpanaschierung. 3lappig, Mittellappen keilförmig, Seitenlappen kurz. Größe 2,5 bis 3,0 mal 2,5 bis 3,0 cm.
Wuchs: mittelstark. Die dünnen Triebe sind dicht mit Blättern besetzt. Internodien 2 bis 3 cm.
Nach 1960 verbreitete sich 'Eva' sehr schnell in Deutschland und war neben 'Harald' und 'Ingrid' bald die wichtigste Sorte fürs Zimmer. Auch heute noch ist 'Eva' eine beliebte Topf- und Ampelpflanze für innen. Im Freien sollte man sie nur an geschützten Stellen verwenden. Eine kleinblättrige Auslese von 'Eva' ist unter dem Namen 'Mini Ester' verbreitet.

Links: 'Gertrud Stauss', ein kompakter Zimmerefeu.

Rechts: 'Glacier', eine gute, graublättrige Sorte fürs Freie.

'Erecta'

(Masters 1898, GB)

Entstanden aus: *Hedera helix* Typica
Rasse: Helix-Typica-Efeu
Winterhärte: XXX
Laub: olivgrün, glänzend. 3lappig, mit flachen Einbuchtungen. Aderung hellgrün bis grau. Größe 4 bis 6 mal 4 bis 6 cm.
Wuchs: mittelschwach bis schwach. Triebe dick, aufrecht wachsend. Internodien etwa 1 cm.
'Erecta' wächst bis zu 50 cm aufrecht und neigt sich dann zur Erde. Deshalb ist ein zeitiger Rückschnitt angebracht, zumal wenn aufrechte, verzweigte Pflanzen gewünscht sind. Als Solitärpflanze kommt die Sorte am besten zur Geltung, in Trögen, Kästen, auf Beeten, auch Gräbern, oder im Steingarten, in sonniger bis schattiger Lage.

'Gertrud Stauss'

(Stauss 1977, D)

Entstanden aus: 'Harald' (Melin 1958, DK)
Rasse: Pittsburgh
Winterhärte: 0
Laub: cremeweiße, unterschiedlich breite Randpanaschierung. Mitte hell- und dunkelgrün. Schwach 5lappiges Blatt, welches in den Einbuchtungen etwas gewellt ist. Größe 2,5 bis 3,0 mal 2,0 bis 3,0 cm.
Wuchs: mittelstark und gedrungen. Es handelt sich um eine leichte Verbänderung der Sorte 'Harald'. Internodien 1,0 bis 2,5 cm.
'Gertrud Stauss' ist ein Zimmerefeu mit den guten Eigenschaften eines dichten Wuchses. Verwendung im Freien in milden und geschützten Lagen ist möglich.

'Glacier'

(Weber 1950, USA)

Entstanden aus: 'Maple Queen' (Hahn vor 1940, USA)
Rasse: Maple Queen
Winterhärte: XX
Laub: graugrüne und silbergraue Mittelpanaschierung mit schmalem, weißem Rand. Blätter meist 3lappig, Mittellappen etwas ausgezogen. Größe 3,0 bis 6,0 mal 3,0 bis 5,0 cm.
Wuchs: stark. Etwas weiter Blattabstand. Internodien 2 bis 4 cm.
'Glacier' sieht der Sorte 'Lee Silver' zum Verwechseln ähnlich, gehört jedoch zu der etwas härteren Maple Queen-Rasse. Man verwendet deshalb 'Glacier' eher im Freiland als 'Lee Silver', auch auf kleineren Flächen wie zum Beispiel Gräbern.

'Gloire de Marengo'

(Paul 1867, GB)

Entstanden aus: *Hedera canariensis*
Rasse: Canariensis-Efeu
Winterhärte: 0

Laub: hellgrüne und silbergraue Mittelpanaschierung, gelblichweißer, unregelmäßig breiter Rand. Ungelappt, eiförmig bis schwach 3lappig. Blattfläche oft blasig gewölbt. Größe 9 bis 11 mal 9 bis 11 cm.
Wuchs: stark. Triebe und Blattstiele weinrot. Internodien 4 bis 5 cm.
'Gloire de Marengo' ist wohl der bei uns im Zimmer am häufigsten verwendete Efeu. Es handelt sich um eine sehr alte Sorte, die vor 1860 schon im Handel war. William Paul beschrieb sie 1867 in dem Artikel »The Ivy« in Gardeners Chronicle, allerdings unter dem Namen *Hedera algeriensis* Variegata. Ab 1924 wurde der Name 'Gloire de Marengo' populär, nach einem Park »Marengo« in Algier, und wird bis heute am häufigsten für diese Sorte benutzt. Ein Synonym ist 'Souvenir de Marengo'.
Es handelt sich um den schönsten, großblättrigsten bunten Zimmerefeu. Die Sorte kann im Weinbauklima milde Winter draußen überstehen.

'Goldchild'
(Maegard (?) 1975, DK)

Entstanden aus: 'Pittsburgh'
Rasse: Pittsburgh
Winterhärte: 0
Laub: Die meist 3lappigen Blätter haben eine graugrüne Mittelzone und eine gelbe Randpanaschierung. Größe 3 bis 4 mal 4 bis 5 cm.
Wuchs: mittelschwach. Triebe gut mit Blättern besetzt; selbstverzweigend. Internodien 2 bis 3 cm.
Durch die gelbe Blattfärbung ist 'Goldchild' eine begehrenswerte und interessante Zimmerpflanze für Topf und Ampel. Leider ist sie etwas heikel in der Kultur. Von dieser Sorte gibt es auch eine interessante Mutation (anscheinend ohne regulären Namen) in der Art von 'Typ Schäfer III' und 'Ingobert'. Dieser Mutationstyp ist bis jetzt bei Efeu nur bei den drei genannten Sorten aufgetreten.

'Goldcraft'
(Craft 1969, USA)

Entstanden aus: 'Pittsburgh'
Rasse: Pittsburgh
Winterhärte: ×
Laub: Die 3- bis 5lappigen Blätter sind gelb bis lindgrün gefärbt, meist mit grüner Mittelpanaschierung. Größe 3 bis 4 mal 3 bis 4 cm.
Wuchs: mittelstark bis stark. Triebe gut mit Blättern besetzt. Internodien 1,5 bis 3,0 cm.
Diese gelblaubige Sorte wurde von W. O. Freeland, Columbia, SC, USA, einem Mitglied der American Ivy Society, unter dem Namen 'Goldcraft' in den Handel eingeführt. Sie ist wüchsiger als 'Goldchild', doch ist die gelbe Färbung von 'Goldchild' kräftiger und beständiger. Sie ist für eine Verwendung im Zimmer, aber auch für Kästen, Tröge und kleine Anpflanzungen im Freien geeignet.

'Goldherz'
(Bürgi Ott 1950, CH)

Entstanden aus: *Hedera helix* Typica
Rasse: Helix-Typica-Efeu
Winterhärte: ×× bis ×××
Laub: dunkelgrüne Randpanaschierung mit sattgelber Mitte. 3lappig, Basallappen manchmal nur angedeutet. Größe 4 bis 6 mal 4 bis 6 cm.
Wuchs: mittelstark. Triebe locker besetzt, nicht selbstverzweigend. Triebe rötlichbraun. Internodien 2 bis 3 cm.
'Goldherz' ist wegen ihrer einmaligen Blattfärbung eine wichtige und begehrte Sorte. Leider hat sie die schlechte Eigenschaft, nach einem Rückschnitt stark zu vergrünen. Dies geschieht ebenfalls sehr leicht, wenn die Sorte auf der Fläche ausgepflanzt ist. Sonst ist 'Goldherz' im Freiland gut zu gebrauchen, auch für Berankungen in schattiger Lage. Selbstverständlich kann sie auch innen verwendet werden.

'Goldstern'
(Neuburg 1978, D)

Entstanden aus: 'Star' (Hahn 1920, USA)
Rasse: Pittsburgh
Winterhärte: ×
Laub: gelblichgrün, mit grüner Mittelpanaschierung, welche an manchen Trieben auch fehlen kann. 5lappig. Größe 3,5 bis 5,0 mal 4,5 bis 6,0 cm.
Wuchs: mittelstark. Triebe dicht mit Blättern besetzt und selbstverzweigend. Internodien 1 bis 2 cm.
Diese gelbblättrige Variation der bekannten Sorte 'Star' hat sich sowohl als Zimmerpflanze wie auch als Beipflanzung in Balkonkästen, Trögen und dergleichen in milden Gegenden im Freien bewährt. Ausgepflanzt als Einzelpflanze oder auf kleinen Flächen ist sie ebenfalls verwendbar.

'Green Ripple'

'Green Ripple'
(Hahn 1930, USA)

Entstanden aus: 'Maple Queen' (Hahn 1940, USA)
Rasse: Maple Queen
Winterhärte: ××
Laub: dunkelgrüne, 5lappige Blätter, die im Winter im Freien nicht rot werden. Lappen schmal und spitz. Adern an der Oberfläche erhaben. Größe 5 bis 10 mal 5 is 7 cm.
Wuchs: mittelstark. Gut besetzte Ranken, selbstverzweigend, aber auch immer wieder Triebe bildend, bei denen diese Eigenschaft nicht ausgeprägt ist. Internodien 2 bis 3 cm.
Eine robuste Topf- und Ampelpflanze fürs Zimmer, aber auch für viele Zwecke im Freiland gut geeignet, wie zum Beispiel für kleine bis mittelgroße Flächen (Grabbepflanzung), für Kästen, Tröge und dergleichen.

'Grünpfeil'
(Neuburg 1989, D)

In den Handel gebracht als eine Wildform aus Südspanien.
Rasse: Atlantik-Efeu
Winterhärte: ×× bis ×××
Laub: sattgrün, helle Aderung. Im Winter grün bleibend. Kurze Blattstiele. Blätter breit pfeilförmig, oft mit zwei angedeuteten Basallappen. Größe 7 bis 8 mal 7 bis 9 cm.
Wuchs: mittelstark bis stark. Triebe rötlich. Blattbesatz gut. Internodien 3 bis 5 cm.
Diese Wildform von *Hedera hibernica*, dem Atlantik-Efeu, wurde in Südspanien in der Sierra de Aracena gefunden und von der Englischen Efeugesellschaft *Hedera hibernica aracena* genannt. Von der Gärtnerei Abtei Neuburg wird sie seit 1989 unter dem Namen 'Grünpfeil' in Deutschland verbreitet. Es handelt sich um einen guten Freilandefeu für Flächen und Berankungen.

'Harald'
(Melin 1958, DK)

Entstanden aus: 'Pittsburgh'
Rasse: Pittsburgh
Winterhärte: 0
Laub: graugrüne Blattmitte, unregelmäßig breit gelblichweiß umrandet. 3lappig, mit gelegentlich angedeuteten Basallappen. Lappen meist abgerundet. Größe 4 bis 6 mal 4 bis 5 cm.
Wuchs: stark. Verhältnismäßig gut mit Blättern besetzte Triebe. Internodien 2 bis 4 cm.
Ein schnellwachsender, großblättriger Efeu für innen, zu allen Zwecken zu verwenden. Bei Lichtmangel im Winter besteht die Neigung zur Vergrünung. Im Freien nur in ganz mildem Klima zu verwenden.

'Hibernica'

(Lindley 1815, GB, 1. Beschreibung von Kirchner 1864)

Entstehung: geographische Varietät aus Irland und Schottland.
Rasse: Atlantik-Efeu
Winterhärte: ××
Laub: hellgrün, matt. Im Winter nur wenig gerötet. 5lappig, Lappen dreieckig. Größe 5 bis 9 mal 8 bis 14 cm.
Wuchs: sehr stark. Lange Blattstiele und kräftige Triebe. Internodien 5 bis 7 cm.
Regulär muß diese Sorte als *Hedera hibernica* 'Hibernica' bezeichnet werden. Sie ist schon seit Mitte des letzten Jahrhunderts in Deutschland verbreitet und stellt seither einen großen Teil des in den Gärten angepflanzten Efeus. 'Hibernica' hat auch einige buntblättrige Sorten hervorgebracht, wie 'Hibernica Maculata' und 'Sulphurea'. Verwendung findet diese starkwachsende Sorte vor allem im Freiland als Bodendecker (hohes Polster und dadurch gute Unterdrückung des Unkrautes) und für Berankungen jeglicher Art. In rauhen Lagen verwendet man statt ihrer besser die Sorte 'Woerner'.

'Ingobert'

(Neuburg 1962, D)

Entstanden aus: 'Glacier' (Weber 1950, USA)
Rasse: Maple Queen
Winterhärte: × bis ××
Laub: Grundfarbe graugrün, unregelmäßig breite, dunkelgrüne Randzone auf rahmweißer Umrandung. Undeutlich 3lappig bis unregelmäßig geformt. Größe 2,0 bis 3,5 mal 3,0 bis 5,0 cm.
Wuchs: stark bis mittelstark, mit gutbesetzten Trieben. Internodien 1,5 bis 3,0 cm.
Durch die interessante Panaschierung eine beliebte Zimmerpflanze, die infolge ihrer relativ guten Winterhärte auch für viele Zwecke im Freiland Verwendung finden kann, zum Beispiel in Kübeln, Kästen auf dem Balkon, ausgepflanzt als Einzelpflanze und für kleine Flächen.

'Hibernica' wird schon seit der Mitte des letzten Jahrhunderts in Deutschland angepflanzt und ist deshalb sehr verbreitet.

'Ingrid'

(Melin 1959, DK)

Entstanden aus: 'Harald' (Melin 1958, DK)
Rasse: Pittsburgh
Winterhärte: 0
Laub: grüngraue Blattmitte mit gelblichweißer Randpanaschierung. 5lappiges, typisches Efeublatt. Größe 2,5 bis 3,0 mal 2,5 bis 3,0 cm.
Wuchs: mittelstark bis schwach. Dichtbesetzte, selbstverzweigende Triebe. Internodien 2 bis 3 cm.
Seit den 60er Jahren ist diese Sorte in Deutschland sehr verbreitet und als Zimmerpflanze bestens bewährt. In milden Gegenden übersteht sie hie und da sogar im Freien den Winter.

Links: 'Ingobert' ist auch für Kübel und Kästen geeignet.

Rechts: 'Kleiner Diamant' mit variabler Blattform und interessantem, etwas sparrigem Wuchs.

'Ivalace'
(Williams 1955, USA)

Entstanden aus: 'California' (Weber 1939, USA)
Rasse: California
Winterhärte: ×
Laub: dunkelgrün, glänzend. 5lappig. Ränder stark gewellt. Größe 4 bis 6 mal 4 bis 5 cm.
Wuchs: langsam. Triebe bis 18 oder 20 cm aufrecht stehend. Internodien 1,5 bis 2,5 cm.
Diese kleinblättrige, kraus und glänzend grünblättrige Sorte fand schnell ihre Liebhaber und ist sowohl im Zimmer als auch an geschützten Stellen im Freien zu verwenden: in Kästen, Trögen, auf dem Balkon und in Hausnähe, sowie auf kleinen Flächen ausgepflanzt.

'Ivalace'

'Jubilee'
(Weber 1955, USA)

Entstanden aus: 'Glacier' (Weber 1950, USA)
Rasse: Maple Queen
Winterhärte: ×
Laub: grüngrau mit hellgrünen Flecken und gelegentlich schmalem, weißem Rand. Blätter unregelmäßig geformt, fast rundlich. Größe 2,5 bis 3,0 mal 1,5 bis 2,0 cm.
Wuchs: schwach. Sehr dicht mit Blättern besetzte Triebe. Internodien wenige Millimeter bis 1 cm.
Dieser schöne und außergewöhnliche Miniaturefeu ist eine interessante Zimmerpflanze, kann mit Vorbehalt aber auch einige geschützte Stellen im Freien zieren, besonders natürlich in Gefäßen aller Art.

'Kleiner Diamant'
(? um 1960, USA (?))

Entstanden aus: 'Lee Silver' (?)
Rasse: California (?)
Winterhärte: ×
Laub: graugrün mit weißem Rand. In der typischen Form ungelappt, mit rhombischen Blättchen. Aber auch Triebe mit gelappten Blättern kommen häufig vor. Größe 3 bis 4 mal 1,5 bis 2,0 cm.
Wuchs: schwach. Die Blätter der typischen Form sind spiralig angeordnet, was darauf hindeutet, daß diese Sorte der Al-

tersform nahe steht. Internodien 0,3 bis 1,5 cm.
Eine schöne Sorte mit vielen Unklarheiten, was ihre Herkunft betrifft. Es könnte sich um die Übergangsform von 'Lee Silver' handeln. Als Topf- und Ampelpflanze ist sie für innen geeignet, aber auch für Pflanzschalen, Kästen und Kübel im Freien.

'Kolibri'

(Brokamp 1975, D)

Entstanden aus: 'Ingrid' (Melin 1959, USA)
Rasse: Pittsburgh
Winterhärte: 0
Laub: Grundfarbe weiß bis elfenbein, übersät mit grünen und grauen Flecken und Sprenkeln. 5lappig. Größe 2 bis 4 mal 2 bis 4 cm.
Wuchs: schwach. Verhältnismäßig gut mit Blättern besetzte Triebe, diese rosa. Internodien 1,0 bis 3,5 cm.
Dieser schöne, buntblättrige Efeu, geeignet für innen als Topf- und Ampelpflanze und jeglichen anderen Zweck, ist leider in der Kultur etwas heikel, weil die chlorophyllfreien Zonen der Blätter oft dominieren.

'Königers Auslese'

(Königer 1935, D)

Entstanden aus: 'Pittsburgh' (Hahn 1915, USA)
Rasse: Pittsburgh
Winterhärte: × bis ××
Laub: mittelgrün. 5lappig. Mittellappen oft doppelt so lang wie die seitlichen Lappen. Größe 3 bis 7 mal 5 bis 8 cm.
Wuchs: schwach. Aber auch schneller wachsende Triebe, größere Blätter hervorbringend. Internodien 1 bis 2 cm.
Der erste in Deutschland entstandene und verbreitete Zimmerefeu, der sich bis heute bewährt hat. Seiner relativ guten Winterhärte wegen kann er auch für viele Freilandzwecke verwendet werden, vor allem in Kästen und Trögen und auf kleinen Flächen (Grabbepflanzung).

'Lee Silver'

(? um 1942, USA)

Entstehung unbekannt, wohl mittel- oder unmittelbar aus 'California'.
Rasse: California (?)
Winterhärte: × bis ××
Laub: graugrüne und hellgrüne Mittelpanaschierung mit schmalem, weißem Rand. 3- bis 5lappig. Größe 2 bis 5 mal 3 bis 6 cm.
Wuchs: mittelstark. Triebe gut besetzt mit Blättern. Internodien 2 bis 3 cm.
Gute Topf- und Ampelpflanze für innen. Die Sorte kann wegen ihrer relativ guten Winterhärte aber auch im Freiland zu vielen Zwecken Verwendung finden, zum Beispiel in Kästen, Trögen, auf kleinen Flächen, in halbschattiger Lage.

'Maple Queen'

(Hahn vor 1940, USA)

Ausgangsform unbekannt.
Rasse: Ursprungspflanze der Maple Queen-Rasse.
Winterhärte: ××
Laub: dunkelgrün mit hellgrüner Aderung. 3lappig. Zwei weitere Lappen (Basallappen) meist angedeutet. Größe 3 bis 5 mal 3,5 bis 5,5 cm.
Wuchs: mittelstark, selbstverzweigend, aber auch Triebe bildend, welche dieses Merkmal nicht besitzen. Internodien 2,0 bis 2,5 cm.

'Königers Auslese'

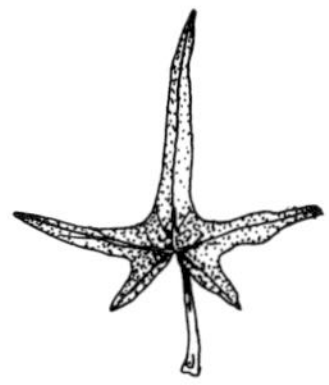

'Maple Queen'

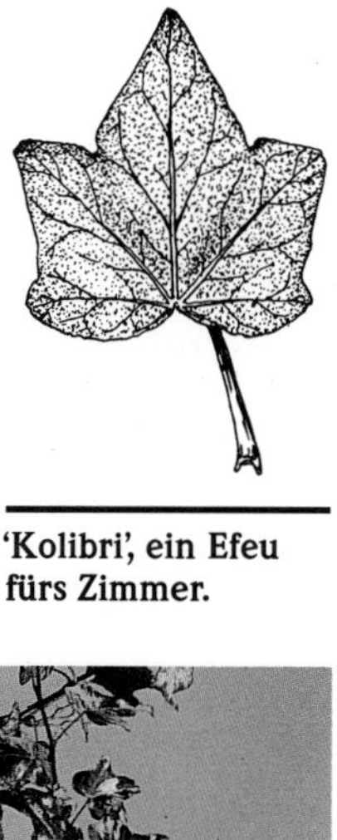

'Kolibri', ein Efeu fürs Zimmer.

'Masquerade' mit moosgrün gesprenkelten Blättern.

'Maple Queen' wurde schon in den 50er Jahren in Deutschland kultiviert und als Topfpflanze verkauft, und hat sich in diesem Bereich bewährt. Wegen der relativ guten Winterhärte ist sie auch für viele Verwendungsmöglichkeiten im Freien geeignet, auch für Flächen.

'Marie Luise'

(Rogmans 1976, D)
Reg.-Nr. AIS 81-18-82

Entstanden aus: 'Star'
Rasse: Pittsburgh
Winterhärte: ×
Laub: mittelgrün. 5lappige Blätter. Lappen an der Basis verengt. Mittellappen oft doppelt so lang wie die Seitenlappen. Größe 3,5 bis 4,5 mal 3,0 bis 5,0 cm.
Wuchs: mittelschwach. Triebe mäßig mit Blättern besetzt. Internodien 2 bis 5 cm.
Diese zierliche Sorte ist eine gute Zimmerpflanze mit vielen Verwendungsmöglichkeiten. In mildem Klima und an geschützten Stellen ist sie auch im Freien für kleine Anpflanzungen in Kästen, Trögen oder anderen Gefäßen geeignet.

'Masquerade'

(Königer 1955, D)

Entstanden aus: 'Luzii'
Rasse: Pittsburgh
Winterhärte: 0 bis ×
Laub: gelbgrüne Marmorierung. 5lappig. Größe 4 bis 5 mal 4 bis 5 cm.
Wuchs: stark bis mittelstark. Verhältnismäßig locker besetzte Triebe. Internodien 2,5 bis 4,0 cm.
Diese Sorte wurde von Hermann Königer, Aalen, ursprünglich unter dem Namen 'Marmorata' verbreitet. Da jedoch dieser Name bereits 1864 von Hibberd für eine andere Efeusorte benutzt wurde (für 'Maculata', und bei Rehder 1900 für eine panaschierte 'Hibernica'), veränderte die American Ivy Society den Sortennamen 1976 in 'Masquerade'. Verwendung vor allem als Zimmerpflanze, aber auch im Freien für Balkonkästen oder Tröge geeignet.

'Merion Beauty'

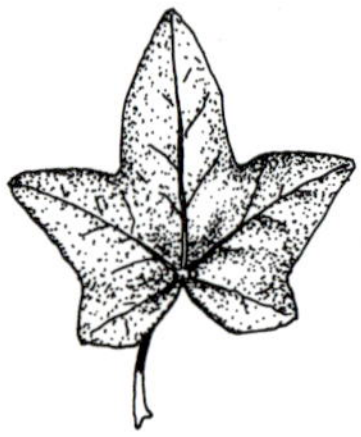

'Merion Beauty'

(Faust 1935, USA)

Entstanden aus: 'Pittsburgh'
Rasse: Pittsburgh
Winterhärte: ×
Laub: mittelgrün. 3- bis 5lappige Blätter. Basallappen häufig nur angedeutet. Größe 2 bis 3 mal 3 bis 4 cm.
Wuchs: schwach, kompakt. Dicht besetzte Triebe, selbstverzweigend. Internodien 1,0 bis 1,5 cm.
Dieser brauchbare Zimmerefeu wurde ab 1950 in Deutschland unter dem Namen 'Procumbens' verbreitet. Auch 'Hahns Miniatur' scheint mit 'Merion Beauty' identisch zu sein. Es ist eine kompakte Topf- und Ampelpflanze für innen. Im Freien, in mildem Klima ist sie auch für Kästen, Tröge und kleinere Flächen gut zu verwenden.

'Minima'

'Minima'

(Hibberd 1972, GB)

Entstanden aus: *Hedera helix* Typica
Rasse: Helix-Typica-Efeu
Winterhärte: ×××

Laub: olivgrün mit heller Aderung. 5lappig. Größe 2 bis 4 mal 3 bis 5 cm.
Wuchs: schwach. Ranken gut mit Blättern besetzt. Internodien 1,5 bis 2,5 cm.
'Minima' ist ein idealer, kleinblättriger Freilandefeu, der sich für kleine bis mittelgroße Flächen, zum Beispiel Gräber, vielfach bewährt hat. Auch in sonnigen Lagen ist er gut zu verwenden. Zur Berankung kommt er für niedrige Wände und andere Gegenstände bis zu 3 m Höhe in Frage.

'Paper Doll'

(Swicegood 1977, USA)
Reg.-Nr. AIS 77-2-80

Entstanden aus: 'Glacier' (Weber 1950, USA)
Rasse: Maple Queen
Winterhärte: × bis ××
Laub: graugrüne und hellgrüne Blattmitte, mit schmalem, weißem Rand. Unregelmäßig gelappt und gebuchtet. Größe 2,0 bis 3,5 mal 2,0 bis 3,0 cm.
Wuchs: mittelstark. Triebe locker mit Blättern besetzt. Internodien 2 bis 3 cm.
Wegen der interessanten Blattform stellt 'Paper Doll' eine Liebhaberpflanze für innen dar. Durch die verhältnismäßig gute Winterhärte kann die Sorte mannigfache Verwendung auch im Freien finden: in Balkonkästen, Trögen und auf kleinen Flächen.

'Paper Doll': Kein Blatt gleicht dem anderen.

'Pedata'

(Fraser 1863, GB)

Entstanden aus: *Hedera helix* Typica
Rasse: Helix-Typica-Efeu
Winterhärte: ×××
Laub: dunkelgrün mit hellen Blattadern. 5lappig, Mittellappen verlängert, schmal. Basallappen nach unten gerichtet (Vogelfußefeu). Größe 4 bis 5 mal 5 bis 6 cm.
Wuchs: mittelstark. Triebe locker mit Blättern besetzt. Blattstiele kurz. Internodien 2 bis 5 cm.
Im Handelskatalog von John Fraser, Leyton, Essex, England, von 1863/64 wird diese schöne und zierliche Freilandsorte unter dem Namen 'Caenwoodiana' verzeichnet. Hibberd beschreibt die Sorte dann 1872 in »The Ivy« unter dem Namen 'Pedata'.
Diese Sorte ist vor allem schön für Berankungen bis zu 3 Meter Höhe, aber auch als Bodendecker für kleinere Flächen ist sie gut zu verwenden.

'Peter'

(Stauss 1972, D)

Entstanden aus: 'Pittsburgh'
Rasse: Pittsburgh
Winterhärte: 0 bis ×
Laub: hellgrün, mit gelbgrüner Mitte. 3- bis 5lappig. Größe 4 bis 5 mal 3 bis 6 cm.
Wuchs: mittelstark bis stark. Selbstverzweigender Charakter. Internodien 1,5 bis 2,5 cm.
Gute Zimmerpflanze, jedoch auch für Kästen, Tröge und kleine Anpflanzungen im Freien geeignet. Die Färbung (gelbe Mitte) ist im Freiland, bei vollem Licht, intensiver ausgeprägt.

'Pedata'

'Pittsburgh'

(Hahn 1915–20, USA)

Ausgangsform unbekannt.
Rasse: Ursprungspflanze der Pittsburgh-Rasse
Winterhärte: ×
Laub: mittelgrün. In der Regel 5lappig. Basallappen gelegentlich nur angedeutet. Größe 3 bis 5 mal 6 bis 6 cm.

Wuchs: stark, jedoch auch schwächer wachsende Triebe hervorbringend. Internodien 1,5 bis 2,0 cm.
Auf den ersten Blick ist 'Pittsburgh' ein typischer Efeu wie er bei uns in der Natur wächst. Dieser Efeu hat jedoch andere Eigenschaften, und aus ihm sind eine Menge schöner Sorten hervorgegangen. Neben der Verwendung als großblättrigem Zimmerefeu kann man diese Sorte in milden Gegenden für viele Zwecke im Freien verwenden. Zur Hausbegrünung sollte man jedoch eine Sorte mit besserer Winterhärte wählen.

'Ralf'

'Pixie'

'Prof. F. Tobler'

'Pixie'
(Barcafer 1941, USA)

Entstanden aus: 'California'
Rasse: California
Winterhärte: 0 bis ×
Laub: hellgrün. 5lappig, an den Rändern etwas gekräuselt. Größe 2,5 bis 4,0 mal 2,0 bis 3,5 cm.
Wuchs: schwach, selbstverzweigend, aber gelegentlich auch Triebe bildend, welche diese Eigenschaft nicht besitzen. Internodien 2,0 bis 3,5 cm.
Diese gefällige Sorte wird seit 1970 in Deutschland verbreitet. Es ist eine gute Topf- und Ampelpflanze für innen. In geschützten Lagen ist sie auch im Freien für viele Zwecke verwendbar.

'Prof. F. Tobler'
(Schmidt 1957, D)

Entstanden aus: 'Star' (Hahn 1920, USA)
Rasse: Pittsburgh
Winterhärte: ×
Laub: mittelgrün. 3- bis 5lappig, wobei diese Lappen einzelne Blättchen mit kurzen Stielen darstellen. Größe: Mittleres Blatt 2 bis 4 mal 0,5 bis 1,0 cm. Seitliche Blättchen 1,0 bis 3,0 mal 0,3 bis 0,5 cm.
Wuchs: mittelstark. Gut besetzte Triebe bildend. Internodien 1 bis 3 cm.
Sehr gute Topf- und Ampelpflanze für innen. Eine Verwendung im Freien ist an geschützten Stellen möglich. Benannt ist die Sorte nach dem Botaniker Friedrich Tobler, der 1912 eine Monographie über die Gattung *Hedera* schrieb.

'Ralf'
(Stauss 1970, D)

Entstanden aus: 'Pittsburgh'
Rasse: Pittsburgh
Winterhärte: 0
Laub: hellgrün. 3lappig, mit stark gerundeten Lappen. Größe 2,5 bis 4,0 mal 3,0 bis 4,0 cm.
Wuchs: stark. Triebe dicht mit Blättern besetzt, kompakt. Internodien 1 bis 2 cm.
Durch ihren raschen und zugleich kompakten Wuchs hebt sich diese Sorte deutlich von anderen ab. 'Ralf' ist ein guter Zimmerefeu für Topf und Ampel. Nur in ganz milden Gegenden ist er auch für außen zu empfehlen.

'Rauschgold'
(Neuburg 1981, D)
Reg.-Nr. AIS 82-11-83

Entstanden aus: 'Goldstern' (Neuburg 1978, D)
Rasse: Pittsburgh
Winterhärte: 0 bis ×
Laub: gelb bis grünlichgelb. 3- bis 5lappig, mit stark gewellten Rändern. Größe 4 bis 5 mal 5 bis 6 cm.
Wuchs: mittelstark, kompakt. Internodien 2 bis 3 cm.
Ein außergewöhnlicher, gelbblättriger Efeu für innen. Im Freiland nur an geschützten Stellen in mildem Klima zu verwenden.

'Ravenholst'
(? 1972, GB)

Entstanden aus: *Hedera canariensis*
Rasse: Canariensis-Efeu
Winterhärte: 0 bis ×
Laub: sattgrün, mit etwas helleren Adern. Schwach 3lappig bis ungelappt. Größe 10 bis 13 mal 8 bis 14 cm.
Wuchs: sehr stark. Triebe und Blattstiele weinrot. Internodien 5 bis 7 cm.

Dieser dekorative, großblättrige Zimmerefeu kann immer wieder als Rückschlag bei 'Gloire de Marengo' entstehen. Der Ursprung des Namens ist leider nicht bekannt. Eine ähnliche Sorte mit etwas kleineren, aber stark glänzenden, dunkelgrünen Blättern ist 'Montgomery', deren Herkunft ebenfalls unbekannt ist (um 1950). Beide Sorten sind sehr dekorative Zimmerpflanzen, vor allem für Berankungen in Wintergärten geeignet.

'Shamrock'

(Hahn 1955, USA)

Entstanden aus: 'Maple Queen'
Rasse: Maple Queen
Winterhärte: XX
Laub: dunkelgrün. 3lappig. Einbuchtungen bei vielen Blättern bis zur Mittelrippe reichend. Seitenlappen meist gerundet und über dem Hauptlappen liegend. Größe 2,5 bis 3,5 mal 2,0 bis 3,0 cm.
Wuchs: schwach bis mittelstark. Triebe gut mit Blättern besetzt. Es werden aber zuweilen auch Triebe hervorgebracht, die schneller wachsen. Internodien 1 bis 2 cm.
'Shamrock', der »Kleeblattefeu«, ist eine sehr robuste Topf- und Ampelpflanze fürs Zimmer, die dank ihrer guten Winterhärte auch zu vielen Zwecken im Freiland verwendet werden kann: Kästen, Tröge und kleine Flächen.

'Silbermöve'

(Neuburg 1983, D)

Entstanden aus: 'Woerner'
Rasse: Helix-Typica-Efeu
Winterhärte: XX bis XX–XXX
Laub: silbergrau, mit schmalem, weißem Rand. Undeutlich 3lappig. Größe 5 bis 6 mal 4 bis 5 cm.
Wuchs: stark. Kräftige Triebe, wie bei 'Woerner'. Internodien 2 bis 4 cm.
'Silbermöve' ist eine der härtesten, wenn nicht die härteste, buntlaubige Efeusorte. Allerdings ist die Färbung nicht spektakulär, eher zurückhaltend. Sie ergibt jedoch eine gute Flächenwirkung. Für alle Möglichkeiten im Freiland geeignet, auch für Berankung, und in sonnigen Lagen.

'Rauschgold': Der Name erinnert an Rauschgoldengel, wie auch die Blätter der Pflanze.

'Star'

(Hahn 1920, USA)

Entstanden aus: 'Pittsburgh'
Rasse: Pittsburgh
Winterhärte: X bis XX
Laub: hellgrün. 5lappig. Lappen keilförmig, und sternförmig angeordnet. Größe 5,0 bis 5,5 mal 6,0 bis 6,5 cm.
Wuchs: stark bis mittelstark. Variabel in der Wuchsstärke, der Blattgröße und im selbstverzweigenden Charakter. Internodien 3 bis 4 cm.
Über die Gärtnerei Hage und Co., Boskoop, Holland, kam 'Star' bereits 1950 nach Europa und Deutschland. Hier wurde sie leider unter dem falschen Namen 'Sagittaefolia' verbreitet, der bis heute noch vielfach verwendet wird. 'Star' ist eine gute Zimmerpflanze, die in milden Gegenden ebenso im Freiland mit Erfolg kultiviert werden kann. Für Begrünungen von Mauern und Häusern sollte man diese Sorte aufgrund ihrer mäßigen Winterhärte jedoch nicht verwenden.

'Star'

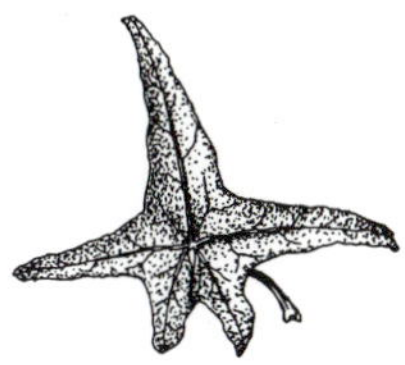

'Shamrock'

'Stift Neuburg', ein außergewöhnlich schöner Efeu für innen.

'Sterntaler'
(Neuburg 1980, D)

Entstanden aus: 'Goldstern'
Rasse: Pittsburgh
Winterhärte: 0 bis ×
Laub: gelb bis gelblichgrün. 5lappig, Basallappen zuweilen nur schwach ausgebildet. Größe 4 bis 5 mal 4 bis 6 cm.
Wuchs: stark bis mittelstark. Triebe mäßig dicht mit Blättern besetzt. Internodien 2 bis 3 cm.
Gelbblättrige, gute Topf- und Ampelpflanze für innen. Im Freiland kann man sie nur in mildem Klima in Hausnähe verwenden.

'Stift Neuburg'
(Neuburg 1962, D)

Entstanden aus: 'Glacier'
Rasse: Maple Queen
Winterhärte: 0
Laub: dunkelgrüner Rand, weißes Blattzentrum. Blätter rundlich, Blattfläche und Rand stark gewellt. Größe 2 bis 3 mal 4 bis 5 cm.
Wuchs: schwach. Triebe dicht mit Blättern besetzt. Stengel rosa, oft gedreht. Internodien 1,0 bis 2,5 cm.
Eine der interessantesten und schönsten Efeusorten, die auch im Ausland guten Anklang gefunden hat. Leider ist die Sorte etwas schwierig in der Vermehrung und Kultur. Sie eignet sich für innen als Topf- und Ampelpflanze.

'Stuttgart'

'Stuttgart'
(Stauss 1970, D)

Entstanden aus: 'Ivalace' (Williams 1955, USA)
Rasse: California
Winterhärte: 0 bis ×
Laub: dunkelgrün, glänzend. 5lappig. Basallappen oft nur angedeutet. Blattrand stark gewellt, besonders in den Einbuchtungen. Größe 3,5 bis 4,5 mal 2,5 bis 3,5 cm.
Wuchs: mittelstark, zunächst aufrecht. Triebe dicht mit Blättern besetzt. Internodien 0,5 bis 2,0 cm. Kurze und längere Internodien wechseln einander ab, was auf Verbänderung hindeutet.

'Stuttgart' ist eine großblättrige Version von 'Ivalace', mit ihren gewellten Blättern eine interessante Pflanze fürs Zimmer. Die Verwendung im Freien ist in Gefäßen und auf kleinen Flächen möglich.

'Sulphurea'
(Hibberd 1872, GB)

Entstanden aus: 'Hibernica'
Rasse: Atlantik-Efeu
Winterhärte: ××
Laub: graugrün mit einigen dunkleren Flecken, unregelmäßig breite, fahlgelbe Randpanaschierung. Größe 4 bis 7 mal 6 bis 8 cm.
Wuchs: stark. Blattstiele lang. Triebe lokker mit Blättern besetzt. Internodien 2,5 bis 3,0 cm.
Ein Freilandefeu für größere Flächen in sonniger bis halbschattiger Lage. Er bildet ein etwa 15 cm hohes Polster. Ferner ist die Sorte für Berankungen an absonnigen Stellen gut geeignet.

'Sulphur Heart'
(? um 1920, GB)

Entstanden aus: *Hedera colchica* 'Dentata Variegata'
Rasse: Colchica-Efeu
Winterhärte: ××

Laub: hellgrün, mit unregelmäßig großer, gelber oder grüngelber Mitte. Ungelappt, eiförmig. Adern hellgelb. Blattrand mit einigen feinen Zähnchen besetzt. Größe 10 bis 13 mal 9 bis 12 cm.
Wuchs: stark. Triebe mit gelblichen Schuppenhaaren besetzt, hellgrün bis bräunlich. Internodien 4 bis 6 cm.
In Großbritannien wurde diese Sorte um 1920 unter dem Namen *Hedera colchica* 'Dentata Aureo-striata' bekannt, aber nicht beschrieben. Weitere Synonyme sind 'Gold Leaf' und 'Paddi's Pride'. 'Sulphur Heart' ist eine schöne Pflanze für Mauern, Zäune, niedrige Balustraden sowie für Bodenbedeckung. Ferner ist sie als Beipflanzung in Trögen und Kästen gut geeignet, vor allem dort, wo sich die Triebe gut entfalten können.

'Sylvanian'
(Hahn 1940, USA)

Entstanden aus: 'Pittsburgh'
Rasse: Pittsburgh
Winterhärte: ××
Laub: dunkelgrün bis mittelgrün. 3lappig, manchmal einer der Lappen fehlend. Größe 3,5 bis 6,5 mal 3,5 bis 4,5 cm.
Wuchs: stark. Triebe kräftig und dicht mit Blättern besetzt. Internodien 1,5 bis 3,0 cm.
Großblättrige, schnellwachsende, robuste Topf- und Ampelpflanze für den Innenraum. Im Freiland für vielerlei Zwecke zu verwenden. Für Berankungen jedoch sollte man zu Sorten mit besserer Winterhärte greifen.

'Sylvatica'
(Stauss 1975, D)

Entstanden aus: *Hedera helix* Typica
Rasse: Helix-Typica-Efeu
Winterhärte: ×××
Laub: sattgrün, glänzend. 3lappig. Mittellappen pfeilförmig verlängert (Sagittaefolia-Typ). Helle Blattadern. Größe 5 bis 6 mal 5 bis 6 cm.
Wuchs: mittelstark. Dicht besetzte Triebe. Internodien 2 bis 3 cm.
Diese gute Freilandsorte wurde von den Gebr. Stauss, Möglingen, in einem Park gefunden, wo sie an einem Baum emporwuchs.
Es handelt sich offensichtlich um einen Sämling von *Hedera helix* Typica mit besonders schönem Blatt, der auf diese Weise verklont und zur Sorte wurde. Sicher haben viele Helix-Typica-Sorten einen ähnlichen Ursprung. Der Name sollte allerdings nicht in lateinischer Form gegeben werden. Eine reguläre Namengebung steht noch aus.
'Sylvatica' eignet sich für kleine bis mittelgroße Flächen in sonniger bis schattiger Lage und für Berankungen von Mauern und Wänden. Sie bildet ein flaches Polster mit guter Bedeckung.

'Telecurl'

'Telecurl'
(Williams 1950, USA)

Entstanden aus: 'California'
Rasse: California
Winterhärte: 0 bis ×
Laub: sattgrün. 5lappige, stark gefaltete Blätter. Größe 2 bis 3 mal 3,5 bis 4,0 cm.

***Hedera colchica* 'Sulphur Heart': Die intensive Gelbfärbung ist besonders bei vollem Licht ausgeprägt.**

Wuchs: mittelschwach. Triebe gut mit Blättern besetzt und durch die gefalteten Blätter rüschenartig wirkend. Internodien 1,5 bis 2,5 cm.
Eine interessante Sorte für innen, die auch im Freien an geschützten Stellen für viele Zwecke zu verwenden ist.

'Teneriffe'
(Taffler 1981, GB)

Entstanden aus: *Hedera helix* Typica (?)
Rasse: Helix-Typica-Efeu
Winterhärte: XX
Laub: Mitte grün und grau, mit gelblichweißer, unregelmäßiger Randzone, welche mit kleinen, grünen Punkten versehen ist. 3lappig, Basallappen zuweilen angedeutet. Größe 1,5 bis 1,5 mal 2,5 bis 2,5 cm.
Wuchs: schwach bis mittelschwach. Triebe locker mit Blättern besetzt. Internodien 1 bis 3 cm.
Der Name 'Teneriffe' wurde der Sorte 1981 von dem damaligen Präsidenten der British Ivy Society, Stephen Taffler, gegeben. Er fand sie auf Teneriffa. Schon in den 60er Jahren bekam ich diese Sorte von einem Gärtner, der sie aus Spanien mitbrachte. Sie wurde dann als 'Minor Marmorata' gehandelt. 'Teneriffe' kann sowohl im Zimmer als auch im Freien verwendet werden. Bei Berankungen im Freien sollte man nur Stellen wählen, die nicht der Wintersonne ausgesetzt sind. Für rauhe Klimate ist sie nicht geeignet.

'Tricolor'
(Jäger 1865, GB)

Entstanden aus: *Hedera helix* Typica
Rasse: Helix-Typica-Efeu
Winterhärte: XX
Laub: graugrünes Blattzentrum. Unregelmäßig breite, gelblichweiße Randzone, die bei kühler Witterung und im Winter eine rosa Färbung annimmt. 3- bis 5lappig. Größe 2 bis 4 mal 2 bis 3 cm.
Wuchs: mittelschwach bis schwach. Triebe locker mit Blättern besetzt. Internodien 2 bis 3 cm.
Diese schöne bunte und winterharte Efeusorte finde ich erstmals bei Jäger 1865 erwähnt (Die Ziergehölze der Garten- und Parkanlagen, Weimar 1865). Mit Sicherheit stammt die Sorte jedoch aus England. Die erste Beschreibung stammt von Hibberd 1872, aber unter dem Namen 'Marginata Grandis' und 'Microphylla Variegata'. Die Sorte ist gut zu verwenden an niedrigen Mauern oder auf kleinen Flächen sowie in Kästen oder Trögen, in hängender und kletternder Form.

'Typ Schäfer I'
(Schäfer 1949, D)

Entstanden aus: 'Procumbens' ('Merion Beauty')
Rasse: Pittsburgh
Winterhärte: 0
Laub: graue bis hell- und dunkelgrüngraue Mittelpanaschierung mit unregelmäßig breitem, weißem Rand. 5lappig. Größe 3,0 bis 3,5 mal 2,5 bis 3,5 cm.
Wuchs: mittelstark. Triebe gut mit Blättern besetzt, selbstverzweigend. Internodien 1,0 bis 2,5 cm.
Gute Topf- und Ampelpflanze für innen. Im Freien nur an geschützten Stellen und in mildem Klima, in Kästen und Trögen.

'Typ Schäfer III'
(Schäfer 1974, D)

Entstanden aus: 'Typ Schäfer I'
Rasse: Pittsburgh
Winterhärte: 0
Laub: Auf eine grüne, unregelmäßig breite Randzone folgt eine weiße Zone. Die Mitte besteht aus verschiedenen Grautönen. 3- bis 5lappig. Größe 3,0 bis 3,5 mal 2,5 bis 3,5 cm.
Wuchs: mittelstark. Triebe gut mit Blättern besetzt. Selbstverzweigend. Internodien 1,5 bis 2,5 cm.
'Typ Schäfer III' hat dasselbe Panaschierungsmuster wie 'Ingobert', zeigt sich jedoch fast gesprenkelt, da die einzelnen Zonen ineinander übergehen. Manchmal wird sie mit 'Kolibri' verwechselt. Es ist eine gute Sorte für innen.

'Walthamensis'
(Paul 1860, GB)

Entstanden aus: *Hedera helix* Typica
Rasse: Helix-Typica-Efeu
Winterhärte: XXX
Laub: dunkelgrün, glänzend, mit heller Aderung. Winterfärbung mäßig. 5lappig. Blattspreite in den Ausbuchtungen nach oben gebogen. Spitzen der Lappen leicht abgerundet. Größe 2,5 bis 3,5 mal 2,5 bis 3,5 cm.
Wuchs: mittelstark bis mittelschwach. Dünne Triebe. Internodien 3 bis 4 cm.
Diese alte Sorte ist ein schöner, zierlicher Freilandefeu. Besonders geeignet ist sie für kleine und mittelgroße Flächen in sonniger bis halbschattiger Lage. Sie bildet ein gut deckendes 10 cm hohes Polster. Für Mauerbegrünung eignet sie sich bis zu 3 m Höhe.

'Wichtel'
(Neuburg 1968, D)
Reg.-Nr. AIS 82-7-83

Entstanden aus: 'Shamrock' (Hahn 1955, USA)
Rasse: Maple Queen
Winterhärte: XX
Laub: dunkelgrün. Meist ungelappt, pfeilförmig, manchmal mit zwei kurzen Seitenlappen. Keine ausgeprägte Winterfärbung. Größe 2,5 bis 3,5 mal 1,5 bis 2,5 cm.
Wuchs: mittelschwach. Triebe gut mit Blättern besetzt. Internodien 1,0 bis 1,5 cm.
'Wichtel' ist eine Efeusorte mit vielen Verwendungsmöglichkeiten innen und außen. Gut bewährt hat sich die Sorte auf kleinen Flächen (Grabbepflanzung) in halbschattiger Lage. Sie ist außerdem eine kompaktwachsende Pflanze für Kästen, Tröge und Pyramiden.

'Typ Schäfer III', ein schöner Zimmerefeu mit lebhafter Färbung.

'Wingertsberg'
(Neuburg 1980, D)
Reg.-Nr. AIS 81-20-82

Entstanden aus: *Hedera helix* Typica
Rasse: Helix-Typica-Efeu
Winterhärte: XX bis XXX
Laub: hellgrün bis mittelgrün. Im Winter rotbraun gefärbt, glänzend, entlang der Adern grün. 5lappig. Mittellappen etwas verlängert. Größe 3,5 bis 7,5 mal 3,0 bis 7,0 cm.
Wuchs: sehr stark. Triebe verhältnismäßig gut mit Blättern besetzt. Internodien 4 bis 5 cm.
Diese schöne Sorte wurde im Neckartal bei Heidelberg gefunden, wohl eine spontane Mutation, die dem milden Klima Heidelbergs angepaßt ist (siehe Winterhärte). 'Wingertsberg' ist ein guter Bodendecker für mittlere bis größere Flächen in sonniger bis schattiger Lage. Ebenfalls ist sie für Berankungen jeglicher Art gut geeignet.

'Walthamensis'

'Woerner'
(? 1956, D)

Entstanden aus: *Hedera helix* Typica
Rasse: Helix-Typica-Efeu
Winterhärte: XXX
Laub: dunkelgrün, mit hellen Adern. Rotbraune Winterfärbung. 3lappig. Mittellappen breit-keilförmig. Seitenlappen nur angedeutet. Größe 3 bis 5 mal 5 bis 6 cm.

'Zebra': Die nur schwach gelappten Blätter sind zuweilen gestreift.

Wuchs: sehr stark. Kräftige Triebe. Blattstiele kürzer als bei der ähnlichen Sorte 'Hibernica'. Internodien 4 bis 5 cm.

Der Urheber dieser sehr harten Sorte ist unbekannt. Die Sorte 'Remscheid' der Fa. Timm und Co., Elmshorn, ist mit ihr identisch. 'Woerner', oft auch noch 'Woerneri' genannt, ist geeignet für große Flächen in sonniger bis schattiger Lage und für Berankungen jeglicher Art, auch in rauhesten Lagen.

'Zebra'

(Stauss 1975, D)

Entstanden aus: 'Harald' (Melin 1958, DK)
Rasse: Pittsburgh
Winterhärte: 0
Laub: grüngraue und gelblichweiße Panaschierung, die häufig in Streifen angeordnet ist (Zebra). Schwach 5lappig bis rundlich. Größe 2 bis 3 mal 3 bis 4 cm.
Wuchs: mittelstark. Triebe verhältnismäßig gut mit Blättern besetzt. Internodien 1,5 bis 2,0 cm.

'Zebra' scheint durch eine leichte Verbänderung (siehe Seite 20) der Sorte 'Harald' entstanden zu sein, worauf auch die seltene, fast gestreifte Panaschierung der Blätter zurückzuführen ist. 'Zebra' ist eine gute Sorte für alle Verwendungsmöglichkeiten innen. Im Freien läßt sie sich nur an geschützten Stellen und in klimatisch besonders günstigen Lagen in Hausnähe verwenden.

Anzucht, Kulturansprüche und Pflege

Die vielen Efeusorten kann man nur auf vegetativem Wege, das heißt durch Stecklinge vermehren. Auch wenn man sie zum Blühen und Fruchten brächte, was durchaus möglich ist, würden sie aus dem Samen nicht echt fallen, vor allem nicht die buntblättrigen Sorten.

Dagegen ist bei wildwachsendem Efeu, *Hedera helix* Typica, eine Samenvermehrung durchaus möglich.

Vermehrung und Anzucht

Zunächst sei jedoch auf die vegetative Vermehrung eingegangen. Dazu verwendet man einjährige junge Triebe, die in Teilstecklinge mit einem oder mehreren Blättern zerschnitten werden. Der Schnitt wird mit dem Messer oder der Schere zwischen zwei Blättern durch das Internodium geführt. Ob man die Triebspitzen (Kopfstecklinge) verwenden kann, hängt von deren Reife ab. Oft muß man die oberste, zu weiche Spitze wegschneiden, da diese zu sehr welken würde.

Schneidet man zur Vermehrung Triebe im Freien, so ist die beste Zeit dafür Ende Juni bis Ende August. Von Pflanzen aus dem Gewächshaus oder Zimmer kann man das ganze Jahr über Stecklinge schneiden. Allerdings sind die Monate November und Dezember wegen der schlechten Lichtverhältnisse nicht sehr günstig.

Als Vermehrungssubstrat verwendet man lockere, durchlässige Blumenerde, welche nur wenig gedüngt ist. Es können die verschiedensten Gefäße, vom Blumentopf bis zur Pikierkiste, benutzt werden. Als Standort kommen in Frage das Gewächshaus, der Frühbeetkasten, der Wintergarten oder auch ein Platz im Freien, im Schatten, überdeckt mit Glas oder Folie.

Schon nach zehn Tagen kann an einzelnen Stecklingen Wurzelbildung erfolgen, da oft schon Haftwurzeln vorhanden sind, die sich schnell in Nährwurzeln umbildend weiterwachsen. Um eine Pflanze zu erzielen, die groß genug ist, um sie auszupflanzen, muß man mit zwei bis drei Monaten rechnen.

Die verschiedenen Stecklingsarten.

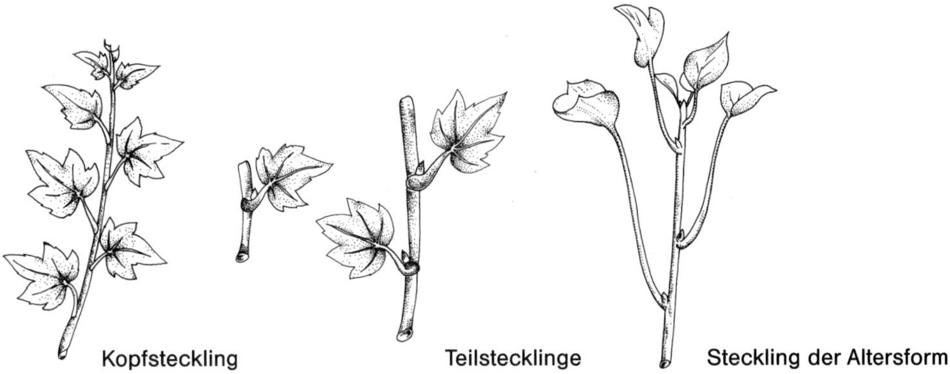

Vermehrung der Altersform

Die Altersform des Efeus ist wesentlich schwerer zur Bewurzelung zu bringen, als dies bei der Jugendform der Fall ist. Die Vermehrung erfolgt am besten im Oktober. Dazu schneidet man den ganzen diesjährigen Trieb mit einer Schere oder dem Messer an seiner Ansatzstelle ab. Die Schnittstelle wird zweckmäßig mit einem Bewurzelungshormon behandelt, etwa Rhizophon AA 1%ig oder 2%ig. Nach dem Eintauchen der Stecklingsbasis in das Pulver klopft man den Steckling leicht an, damit zu dicht aufliegendes Pulver abfällt. Dann steckt man, mit einem Pikierholz, damit das Pulver nicht abgestreift wird. Ein Torf-Sand-Gemisch zu gleichen Teilen hat sich als Substrat bewährt. Der Standort ist ein kühles Gewächshaus (10 bis 13 °C) oder gar ein kalter Frühbeetkasten, der tief und gut mit Fenstern verschlossen ist. Die Bewurzelung erfolgt oft erst im Januar—Februar. Man wird die Stecklinge dann am besten eintopfen und bis zum Auspflanzen noch ein Jahr warten.

Die Vermehrung aus Samen

Unser Efeu draußen, in der freien Natur vermehrt sich durch Samen. Die 3- bis 5samigen, im März—April reifenden Beeren werden von Vögeln, vor allem von Amseln, gefressen, die Samen wieder ausgeschieden und so verbreitet. Am besten sammelt man also die Beeren, wenn die Vögel mit der Ernte beginnen. Anschließend drückt man die Samen aus den fleischigen Schalen der schwarzen Beeren und sät die etwas eckigen, runzeligen Körner gleich aus, denn die Keimfähigkeit nimmt bei Lagerung schnell ab. Die Keimdauer beträgt etwa zwei bis drei Wochen. Die Aussaat nimmt man am besten in einer Kiste oder Schale vor und pikiert, sobald sich das erste Laubblatt entwickelt hat, in kleine Töpfe, je zwei bis drei Sämlinge zusammen. Im Spätjahr oder folgenden Frühjahr kann ausgepflanzt werden. Samen von Sorten fallen nicht echt.

Ansprüche an Standort und Boden

Allgemein wird der Efeu als anspruchslose Pflanze eingestuft, was auch weitgehend zutrifft. Trotzdem befriedigt er nicht an allen Standorten, weshalb wir seinen optimalen Standort etwas näher kennenlernen wollen. Am vorteilhaftesten werden wir dabei von der Pflanze selbst belehrt, indem wir sie an ihrem natürlichen Standort beobachten.

Hedera helix ist eine Pflanze unserer Wälder und wird soziologisch als Buchenbegleitpflanze bezeichnet. Außer im Buchenwald wächst Efeu in Eichenwäldern, Mischwäldern, im Heide- und Auewald, weniger im Fichtenwald, sicher wegen der zu starken Beschattung. Wir bemerken, daß sich der Efeu vornehmlich am Waldrand aufhält, auch in Hecken, zum Beispiel den Knicks in Schleswig-Holstein. Andererseits bedeckt er Felsen und altes Gemäuer von Burgruinen und anderen Gebäuden. Efeu wächst also im Schatten, aber auch in voller Sonne.

Wir vermissen bei ihm die morphologischen und anatomischen Eigentümlichkeiten, welche sonst Schattenpflanzen auszeichnen. Die Efeublätter sind verhältnismäßig dick und lederartig und gleichen in auffallender Weise den Blättern von Pflanzen sonniger Standorte. Das Wachstum in tiefem Schatten am Waldboden ist nicht Endziel des Efeus. Es dauert nur so lange, bis er eine aufwärtstragende Stütze, einen Baum, findet, an dem er in die Höhe, ans Licht, klettern kann, um dort seine Blüten zu entfalten.

So haben wir es beim Efeu also mit einer Sonnen- und Schattenpflanze zu tun, was uns bei seiner Verwendung sehr zustatten kommt.

Am schattigen Waldboden ist der Efeu zur Zeit des Sommers durch Lichtmangel in seinem Wachstum zwar gehemmt, doch gewinnt er durch die günstige Assimilation im Frühjahr und Herbst und wahrscheinlich sogar an milden Tagen im Winter genügend Reserven zum Überstehen der lichtarmen Zeit.

Der richtige Standort für Efeu

Klima: Je nach klimatischer Lage sind Sorten mit entsprechenden Winterhärten auszuwählen.
In extrem rauhen Lagen, auch Höhenlagen, ist für eine Efeupflanzung entscheidend, ob Efeu in der Natur vorkommt. Wenn ja, Sorten mit Winterhärte XXX wählen.
Lichtverhältnisse: Efeu kann in sonnigen und schattigen Lagen gepflanzt werden. Für sonnige Lagen Sorten mit größerer Winterhärte wählen!
Boden: Efeu kann man auf jedem Gartenboden anpflanzen, wenn dieser nicht versauert oder vernäßt ist.
Bei unkultivierten Böden ist für eine gute und tiefe Lockerung zu sorgen, damit keine Staunässe entstehen kann.
Bei Lehm- und Tonböden empfiehlt sich eine Verbesserung durch Kompost- oder Humusbeigaben.
Mauerschutt und steiniges Material als Untergrund, wie man es oft in Mauernähe findet, ist wegen seiner lockeren Struktur dem Efeu durchaus zuträglich.

Hat sich der Efeu schließlich dem Schatten entwunden, so wächst er in vollem Licht und bei Sonne kräftig weiter, wird er doch nicht mehr durch Lichtmangel in der Stoffproduktion behindert. Seine Blätter werden härter (Sonnenblätter) und widerstandsfähiger, vor allem auch gegen Frost. Dies gilt allerdings nur für den unserem Klima angepaßten *Hedera helix* der Natur und vergleichbar harten Sorten. Weniger harte und bunte Sorten (Chlorophyllmangel) stehen im Winter besser an absonnigen Stellen, etwa an Nordwänden.

Auch zur Ermittlung der **Bodenansprüche** unseres Efeus sind wir gut beraten, wenn wir ihn an seinem natürlichen Standort beobachten. Einmal ist dies der Waldboden mit seiner lockeren Laub- und Humusschicht, zum anderen der Fuß von Mauern und Felsen, der oft mit Mörtelschutt aufgefüllt ist. Es ist also ein lockeres, durchlässiges Erdreich, das der Efeu liebt. Wenn wir gute Beobachter sind, fällt uns auf, daß in Gegenden, in denen der Efeu besonders üppig wächst, der Boden kalkhaltig ist. Ein lockerer, durchlässiger Boden mit hohem pH-Wert ist also der Schlüssel zum guten Gelingen der Efeuanpflanzung.

Pflanzung und Pflanzabstände

Efeu kann man fast zu jeder Jahreszeit pflanzen. Es sollte jedoch die Zeit ab Mitte Mai bis zum Sommer bevorzugt werden. Eine Pflanzung im zeitigen Frühjahr, März—April, bringt keinen Vorteil, weil das Wachstum erst im Mai beginnt und Pflanzen aus dem Gewächshaus und sogar aus Frühbeetkästen bei Spätfrösten noch Schaden erleiden können.

In diesem Zusammenhang sei bemerkt, daß der frische Austrieb des Efeus immer frostempfindlich ist, ganz gleich ob die betreffende Sorte mehr oder weniger winterhart ist. In manchen Jahren werden sogar die im Freiland frühzeitig ausgetriebenen Spitzen von Spätfrösten getroffen. Einen durchgreifenden Schaden erleiden die Pflanzen dadurch aber nicht.

Auch im Spätherbst kann natürlich noch gepflanzt werden. Man halte sich dabei jedoch vor Augen, daß den Pflanzen dann meist erst im nächsten Frühjahr Gelegenheit zum Anwachsen gegeben wird.

Auf die Bodenansprüche des Efeus wurde schon im vorhergehenden Abschnitt hingewiesen. Hier soll nur noch erwähnt werden, daß bei buntlaubigen und schwachwachsenden Sorten auf die Bodenqualität besonderer Wert gelegt werden sollte. Dies gilt auch dann, wenn in Hausnähe gepflanzt wird, etwa zur Hausbegrünung. Gerade bei Neubauten ist hier dem Boden besondere Aufmerksamkeit zu schenken, da er an diesen Stellen oft verdichtet ist oder gar nur aus Untergrundmaterial besteht.

Die Pflanzabstände werden sehr variabel gehandhabt und richten sich einmal nach dem Zweck der Pflanzung, vor allem aber auch nach der Pflanzenqualität.

Hier soll noch eine Qualitätseinteilung der im Handel angebotenen Efeupflanzen folgen. Pflanzabstände in Abhängigkeit von diesen Pflanzenqualitäten werden bei der Besprechung der einzelnen Verwendungsformen angegeben.

Pflanzenqualitäten
Qualität I: kleine Töpfe von 7 bis 8 cm Durchmesser mit 3 bis 5, etwa 10 bis 20 cm langen Trieben.
Qualität II: größere Töpfe von etwa 10 bis 12 cm Durchmesser mit 6 bis 10 Trieben von 20 bis 30 cm Länge.
Qualität III: große Töpfe von etwa 14 cm Durchmesser mit 3 bis 5 Trieben, an einem Stab aufgebunden, Länge 60 bis 100 cm.

Bewässerung

Efeu ist keine Pflanze, die einen besonders feuchten Standort liebt, wie man spontan vermuten könnte. Sie wächst zwar in der Natur im Wald unter Bäumen, aber nicht an nassen oder gar sumpfigen Stellen. Jedenfalls ist es für den Efeu wichtig, daß er Luft an den Wurzeln hat, und ein wassergesättigter Boden schließt diese ja aus. Vielleicht hängt die hohe Luftbedürftigkeit der Efeuwurzel damit zusammen, daß die Kletterwurzeln des Efeus Luftwurzeln sind, die sich in Erdwurzeln umwandeln können.

So wurzelt der Efeu also gerne in einem luftführenden, lockeren Boden. In vernäßtem, verdichtetem Boden sterben seine Wurzeln ab. Diese Tatsache ist wichtig zu wissen und gibt uns einen Hinweis für das Wässern des Efeus: Vor allem sollten wir nicht unnötig wässern. Lieber es ausreichend tun und dann warten, bis es wirklich wieder nötig ist. So kann in die Bodenkapillare Luft eindringen, und damit Sauerstoff, den die Efeuwurzel benötigt.

Auch an den Blättern will der Efeu nicht ständig Feuchtigkeit, obwohl das andere Extrem auch nicht gut ist: Werden die Blätter nie oder selten befeuchtet, so kommt es leicht zu Spinnmilbenbefall, auch im Freien, zum Beispiel an Wänden, welche nie vom Regen getroffen werden.

Düngung

Manchmal hört man die Meinung, der Efeu sei sehr genügsam und brauche denkbar wenig Düngung. Behandelt man Efeu nach solchen Richtlinien, wird er allerdings auch wenig Zuwachs zeigen und häufiger von Schädlingen befallen sein. In der Wachstumszeit, im Freien von Mai bis August, benötigt der Efeu eine stetig fließende Nährstoffquelle. Die Düngung für Kästen und Kübel wäre demnach über Sommer einmal wöchentlich eine Flüssigdüngung: 1 g Düngesalz (Volldünger) auf 1 Liter Wasser. Bei ausgepflanzten Kulturen ist eine Düngung nur in den ersten zwei bis drei Jahren nötig. Später wenn das Wurzelsystem sich genügend ausgebreitet hat, versorgt sich der Efeu selbst mit Wasser und Nahrung. Es sei noch darauf hingewiesen, daß man die Düngung Ende August langsam einstellen sollte, damit die Triebe das Wachstum abschließen und für die Winterruhe ausreifen. Anderenfalls besteht erhöhte Gefahr des Erfrierens, vor allem durch Frühfröste

Winterschutz

Efeu leidet wie jede immergrüne Pflanze in strengen Wintern unter der unumgänglichen Verdunstung. Wenn die Wurzeln eingefroren sind, kann dieser Wasserentzug nicht mehr ausgeglichen werden und die Pflanzen können durch Vertrocknen sogar zum Absterben gebracht werden Das kann in strengen Wintern mit lang anhaltenden Frostperioden zum Beispiel bei Balkonkästen und Kübeln geschehen, und überall dort, wo das gesamte Wurzelwerk gefriert. Einen gewissen Schutz bedeutet es schon, wenn solche Pflanzgefäße nicht der Wintersonne ausgesetzt sind. Bei lang

anhaltenden Frostperioden kann man die Pflanzgefäße, wenn möglich, vorübergehend in einen geschlossenen, kühlen Raum stellen und gießen.
Beim *Hedera helix* in der Natur und vergleichbar harten Sorten (Winterhärte XXX, in milderen Lagen auch XX) erübrigt sich ein Winterschutz. Ganz allgemein kann man sagen: je länger ein Efeu an seinem Standort wächst, desto widerstandsfähiger wird er gegen Frost und das dadurch bedingte Austrocknen im Winter. Das hängt auch und vor allem mit der Wurzeltiefe zusammen. Die Pflanze kann sich bei gefrorenem Boden aus tieferen, frostfreien Schichten Feuchtigkeit holen. Bei bunten Sorten auf kleineren Flächen, zum Beispiel Gräbern, wird in strengen Wintern und in rauheren Lagen eine lokkere Abdeckung mit Tannenreis vorteilhaft sein.

Mulchen

Bei einer Neupflanzung, ob es sich nun um eine Fläche oder nur um einige Pflanzen handelt, ist eine Mulchdecke von Vorteil. Durch sie unterdrücken wir in dem noch nicht geschlossenen Bestand das Unkraut und schützen den Boden vor Feuchtigkeitsverlust. Das Mulchmaterial besteht vorzugsweise aus Laub, Rindenkompost oder Rindenmulch und sollte in einer Schicht von mehreren Zentimetern aufgebracht werden. Bei einer sich schnell schließenden Fläche, das heißt, bei nicht zu lockerer Pflanzung, ist das Mulchen eine einmalige Maßnahme.

Rückschnitt

Wenn wir beim Efeu von einem Schnitt oder Rückschnitt sprechen, müssen wir grundsätzlich zweierlei unterscheiden. Wollen wir Triebe abschneiden oder einkürzen, die uns im Wege sind, so können wir das bedenkenlos zu jeder Jahreszeit tun, wenn etwa der Efeu am Haus in den Fenster- oder Türbereich wächst oder Triebe unerwünscht über eine Fläche hinaus auf den Gehweg gewachsen sind. Anders ist es jedoch beim radikalen Rückschnitt des Efeus. Diese Maßnahme kann bei Efeuflächen vorgenommen werden, seien es Boden- oder Wandflächen. Der radikale Rückschnitt einer Bodenfläche hat vor allem zum Ziel, das Polster niedrig zu halten, wo dies gewünscht wird. Ein weiterer wichtiger Grund für diesen Rückschnitt besteht bei einer Fläche, die stark mit Blattfleckenkrankheiten behaftet ist. Durch diese Maßnahme, bei der ja alle Blätter entfernt werden, kann man die Fläche wieder gesund bekommen. Das kranke Laub muß natürlich entfernt werden. Durchgeführt wird der radikale Rückschnitt mit einer Schere, Heckenschere oder gar dem Rasenmäher.

Bei einer mit Efeu begrünten Wand hat ein solcher Rückschnitt ebenfalls die Verringerung des Polsters zum Ziel. Zwar kann ein dickes Efeupolster dem Haus mehr Isolation bieten und auch mehr Vögel beherbergen. Es gibt aber Situationen,

Von einer begrünten Wand wurden zwei Triebe über die Balkonbrüstung hochgeführt. Sie bilden auf dem Balkon eine Efeulaube.

in denen ein dicker Efeubewuchs für den Putz zu schwer zu werden droht, besonders wenn einmal die Alterstriebe da sind und immer länger werden. An trockenen Wänden, die nie vom Regen getroffen werden, kann Spinnmilbenbefall einen radikalen Rückschnitt sinnvoll machen. Man schneidet mit einer Rebschere oder Heckenschere alles weg bis auf die an der Wand klebenden Triebe. Dann hat man auch die Möglichkeit, die Wand von dem alten Laub zu säubern, das sich im Bewuchs angesammelt hat. Hier sei darauf aufmerksam gemacht, daß auch der Efeu, wie übrigens jede immergrüne Pflanze, Laub verliert. Das Efeublatt wird etwa 28 Monate alt. Nach dem neuen Austrieb im Frühjahr wird im Juni ein Teil des alten Laubes gelb und fällt ab. Das ist ein natürlicher Vorgang, der jedoch oft die Meinung aufkommen läßt, der Efeu sei von einer Krankheit befallen oder sonstwie geschädigt worden. Der richtige Zeitpunkt für einen radikalen Rückschnitt ist im Frühjahr vor dem Austrieb, also im April. Die Flächen sehen danach natürlich nicht schön aus. Ende Mai, Anfang Juni sind sie wieder mit frischem Grün überzogen.

Krankheiten und Schädlinge

Wie jede Pflanze, so hat auch der Efeu seine Feinde. Je günstiger die Wachstumsbedingungen für ihn sind, desto gesünder und unangefochtener von Krankheiten und Schädlingen wird er sein. Deshalb ist es die beste Schädlingsbekämpfung, wenn wir der Pflanze die optimalen Kulturbedingungen verschaffen und so ihre natürliche Widerstandsfähigkeit erhalten. Man kann und muß in dieser Hinsicht auch beim Efeu einiges tun. Bei Kulturansprüchen und Pflege wurde bereits darauf hingewiesen.

Chemische Schädlingsbekämpfungsmittel können zur Zeit kaum genannt und empfohlen werden, schon weil sie oft kurzfristig aus dem Verkehr gezogen werden. Die zur biologischen Schädlingsbekämpfung verwendbaren Nützlinge werden jeweils genannt. Ihr Einsatz gewinnt zunehmend an Bedeutung. Es bestehen bereits Betriebe, welche sich mit dem Versand von Nützlingen beschäftigen (siehe Seite 95).

Blattfleckenkrankheiten

Diese Krankheiten können vor allem bei Efeuflächen Kummer bereiten. Die Ursache kann das Bakterium *Xanthomonas hederae* wie auch eine Reihe verschiedener Pilze sein, zum Beispiel *Colletotrichum hedericola* und *Phyllosticta hedericola*. Diese Erreger sollen hier alle gemeinsam behandelt werden, da die Schädigungen nicht ohne weiteres voneinander zu unterscheiden sind und durch die gleichen Maßnahmen verhindert beziehungsweise bekämpft werden.

Wer aufmerksam durch die Natur geht, kann beobachten, wie Efeu, wildwachsender wie auch angepflanzter, an vielen Standorten Jahre und Jahrzehnte hindurch immer gesund und üppig wächst, während er an anderen Stellen von Flekken befallen ist. Offensichtlich ist der Standort, die Bodenbeschaffenheit für das gesunde Gedeihen des Efeus ausschlaggebend. Auf zu saurem, verdichtetem und daher vernäßtem Boden ist der Efeu krank. Man sollte bei Neupflanzungen deshalb unbedingt auf die Bodenbeschaffenheit achten und eine sorgfältige Bodenbearbeitung vornehmen (siehe Seite 56). Sehr wichtig ist auch, daß das Pflanzmaterial gesund ist. Bei kranken Flächen wende man den radikalen Rückschnitt im Frühjahr an (siehe Seite 51). Man entferne alles kranke Laub und kalke gleichzeitig die Fläche mit kohlensaurem Kalk. Ebenso vermeide man eine einseitige und zu hohe Stickstoffdüngung, sowie unnötiges Gießen im Sommer. Die Anwendung von chemischen Mitteln ist meist unbefriedigend; handelt es sich um einen Bakterienbefall, ist sie nutzlos.

Tierische Schädlinge

Blattläuse

Blattläuse in ihren verschiedenen Arten werden bei fast allen Zierpflanzen lästig. Beim Efeu ist es meist die Schwarze Bohnenlaus, deren Auftreten im Frühjahr Kummer bereitet.

Die Läuse schädigen die Pflanze durch Aussaugen der Pflanzensäfte aus den Siebröhren. Eine sekundäre Schädigung, die oft das erste Zeichen des Befalls ist, wird durch einen schwarzen Schimmelbelag auf den Blättern hervorgerufen. Diese sogenannten Rußtaupilze entstehen auf der zuckerhaltigen Flüssigkeit, dem Honigtau, den die Läuse ausscheiden. Dieser Schaden ist mindestens genauso groß wie der durch die Saugtätigkeit der Läuse verursachte. Das Laub wird unansehnlich und die Poren verkleben, so daß die Assimilation gemindert wird.

Es ist wichtig zu wissen, daß ein Blattlausbefall durch Wachstumsstockungen bedingt ist. Im Freien werden diese meist durch Temperaturrückschläge im Frühjahr hervorgerufen. Wenn ein erneuter Temperaturanstieg die Wachstumsstokkung beendet, verschwinden die Läuse von selbst wieder, das heißt, sie nehmen einen Wirtswechsel vor. Will man die Abwanderung der Läuse nicht abwarten und sie bekämpfen, ist es nicht nötig, zu starken Giften zu greifen. Pyrethrum-Präparate zum Beispiel hinterlassen keine Rückstände in der Natur und helfen gut. Man kann es auch mit Brennesselbrühe probieren: 1 kg frische Brennessel, in 10 Liter Wasser kalt angesetzt, nach 24 Stunden abgießen und unverdünnt ausspritzen. Anwendung wiederholen.

Schildläuse

Wie Blattläuse, so schädigen auch Schildläuse die Pflanze durch ihre Saugtätigkeit und durch die klebrigen Ausscheidungen, den Honigtau, auf dem sich Rußtaupilze ansiedeln. Bei den Schildläusen kommt noch der unangenehme Umstand hinzu, daß sie Dauergäste sind und geschützt unter einem Schild sitzen. Zum Glück wird der Efeu, besonders im Freien, selten von ihnen befallen.

Auf Efeu können drei Schildlausarten vorkommen: Die Oleanderschildlaus (*Aspidiotus hederae* Vall.), eine Deckelschildlaus (*Asterolecanium fimbriatum* Ckll.), die meist in Gewächshäusern und Wohnungen auftritt, und schließlich die Woll- oder Schmierlaus (*Phenacoccus aceris* (Sign.) Ckll.). Hier sind die Tiere schildlos, frei beweglich und weiß bepudert.

Die aus den Eiern schlüpfenden Schildlauslarven wandern bei allen Gruppen zunächst auf den Pflanzen umher, setzen sich dann dauernd fest und bekommen einen Schild. Die Eier werden unter dem Schild abgelegt, das Muttertier stirbt danach ab.

Im beweglichen Stadium ist eine Bekämpfung gut möglich. E 605 forte und Mineralöle wirken auch auf die Tiere unter den Schilden. Auch der Rußtau kann dadurch gelöst werden, soweit er noch nicht zu stark verhärtet ist. Die Behandlung sollte bei diesem Schädling mindestens dreimal in einem Abstand von 12 bis 14 Tagen wiederholt werden. Natürlich kann man auch versuchen, Schildläuse ohne chemische Mittel unter Kontrolle zu bringen. Wenn man im Anfangsstadium damit beginnt, wird man besseren Erfolg dabei haben. Befallene Blätter, es sind ja immer die älteren, sollte man entfernen und vernichten. Besonders im zeitigen Frühjahr im Freien, kann man, ohne die Pflanzen zu schädigen, viele Blätter entfernen. Nach dem Austrieb Ende Mai prangen sie wieder in frischem Grün.

Rote Spinne

Das Schadbild der Spinnmilben *(Tetranychus urticae)*, wie man diesen Schädling auch nennt, zeigt sich zunächst in hellgelben, feinen Punkten auf den Blättern. Schließlich werden die ganzen Blätter gelb und vertrocknen. Auf der Blattunterseite befinden sich feine Gespinste, unter deren Schutz die Milben leben. Die nur 0,17 bis 0,45 mm großen Tiere sind nur mit einer Lupe zu erkennen.

Ein warmer und trockener Standort begünstigt den Spinnmilbenbefall. Leider bemerkt man diesen erst spät, wenn schon ein größerer Schaden entstanden ist. Das gilt vor allem für den Efeu in der Wohnung, wo besonders in warmen Räumen die Spinnmilben das größte Problem darstellen. Im Freien findet man stärkeren Befall glücklicherweise nur an solchen Stellen, an denen der Efeu nicht vom Regen getroffen wird. Diese Situation findet sich zum Beispiel an Hauswänden, die von einem weit vorspringenden Dach vor

Regen geschützt sind. Hier ist ein gelegentliches Abbrausen der Blätter mit Wasser in der heißen Jahreszeit hilfreich. Ein Raubmilbeneinsatz mit *Phytoseiulus persimilis* wird eher in Gewächshäusern und Wintergärten in Frage kommen.

Bei Topf- und Ampelpflanzen in der Wohnung ist das Untertauchen der ganzen Pflanze in Wasser ein sehr gutes, vorbeugendes Mittel gegen diesen Schädling. Man verbindet dies am besten mit der Wässerung der Pflanzen.

Gefurchter Dickmaulrüßler

Buchtenförmig vom Blattrand her befressene Blätter deuten auf das Vorhandensein dieses Schädlings hin. Den 1 cm großen, länglichovalen, braunschwarzen Rüsselkäfer *(Otiorrhynchus sulcatus)* bekommt man sehr selten zu Gesicht, da er sich bei Tag am Grund der Wirtspflanze versteckt hält. Erst bei einbrechender Dunkelheit wird er aktiv. Der Käfer ist zwar nicht flugfähig, aber ein guter Kletterer. Obwohl der Dickmaulrüßler nur eine Generation im Jahr hat, also eine verhältnismäßig lange Entwicklungszeit durchmacht, kann er sehr lästig werden. Ein Weibchen kann über den Sommer bis zu 1000 Eier legen, aus denen ab Juli die bis zu 1,2 cm groß werdenden Larven schlüpfen. Diese Larven üben während des Sommers unbemerkt an den Wurzeln ihre Fraßtätigkeit aus. Wegen der versteckten Lebensweise sind die Fraßschäden an den Blättern ein wichtiger Hinweise auf die Anwesenheit des Schädlings. Da Efeu praktisch nicht welkt, bemerkt man das Ausmaß der Fraßschäden an den Wurzeln erst, wenn man an den Trieben zieht und diese sich ohne Wurzeln aus dem Erdreich lösen.

Vor allem in der Topfkultur, in Kübeln, Kästen und anderen Gefäßen kann der Dickmaulrüßler sehr lästig werden. So ist es eine wichtige Gegenmaßnahme, die Pflanzgefäße ausgangs des Winters oder im Frühjahr umzupflanzen und dabei das Erdreich nach Larven zu untersuchen. Eine biologische Bekämpfung ist mit Nematoden (Fadenwürmern) der Gattung *Heterorhabditis* möglich. Diese weniger als 1 mm langen Nematoden dringen in die Larven ein und scheiden Bakterien aus, welche zum Absterben der Larven führen (Bezugsquellen für die verschiedenen Nützlinge Seite 95).

Efeu im Garten

Oft entdeckt man in der Natur dicht mit Efeu bewachsene Flächen. Niemand hat sich darum bemüht und sie angepflanzt, der Efeu hat sich diesen Platz selbst erobert.

Efeu als bodendeckende Pflanze

Der Efeu ist eine bodendeckende Pflanze, obwohl diese Lebensweise nicht sein ausschließliches Ziel ist. Er kriecht so lange am Boden, bis er einen Gegenstand findet, an dem er hinaufklettern kann, um oben im Licht zu blühen und zu fruchten. Die bodendeckenden Efeusorten sind also gleichzeitig zur Mauerbegrünung und anderen Begrünungen geeignet.

'Woerner' als Bodendecker in Verbindung mit Narzissen. Beschreibung Seite 45

Die zu begrünenden Flächen können im Schatten, Halbschatten und in voller Sonne liegen, denn Efeu ist keine reine Schattenpflanze, wie wir schon sahen. An sonnigen Stellen verwende man jedoch nur Sorten mit guter bis sehr guter Winterhärte (XX und XXX).

Efeubewuchs ist ein guter Rasenersatz. Dort, wo es im Garten zu schattig ist, so daß kein Gras mehr wächst, bedeckt der Efeu mit seinen immergrünen Trieben noch sehr gut den Boden. Und wie viele kleine Flächen gibt es in einem Garten, die der Efeu ausfüllen kann! An Böschungen und Steilhängen, die nicht oder nur mit großem Aufwand gemäht werden können, ist ein solcher Bodendecker ideal. Besonders gut kommt der Efeu zur Wirkung, wenn er im Steingarten oder anderswo Steine und Felsen überwächst. Zur Beeteinfassung, wie man sie in manchen Bauerngärten heute noch findet, möchte ich den Efeu außerdem vorschlagen. Zur Begrünung von Grabstellen war er von jeher eine dankbare und symbolträchtige Pflanze.

Ganz einerlei ist es dem Efeu natürlich auch nicht, wo man ihn hinpflanzt. Er stellt seine, wenn auch bescheidenen Ansprüche. Der Boden soll vor allem durchlässig sein, also nicht verdichtet, und er sollte keine Staunässe aufweisen. Auf trockenen Böden wächst der Efeu gut. Auch liebt er alkalischen Boden (pH 6 bis 8 sogar!) und nicht etwa saure Humusböden, wie oft vermutet wird. Wenn es mit dem Boden nicht stimmt, bekommt der Efeu schnell die häßlichen Blattflecken.

Hat man sich entschlossen, eine Fläche mit Efeu zu bepflanzen, steht am Anfang die Bodenvorbereitung. Tiefes Umgraben und Lockern beugt Verdichtungen vor oder beseitigt solche. Bei dieser Arbeit müssen die Wurzeln der Wurzelunkräuter wie Winden, Disteln und Quecken sorgfältig ausgelesen werden. Humus (Torf oder besser Kompost, auch Rindenkompost), Dünger und Kalk werden gleichmäßig über die Fläche verteilt und mit einem Rechen oder Kreil eingearbeitet. Nach dem Einebnen der Fläche kann das Pflanzen beginnen.

Empfehlungen zur Bodenverbesserung und Pflanzung

Humuszufuhr: Kompost, Torf oder Rindenkompost, 5 bis 10 l/m².
Düngung: Nitrophoska blau oder Floranid Nitrophoska, 50 bis 80 g/m².
Oder mit organischem Dünger: Hornoska 7/5/9, Fellmann T7/5/8, 150 bis 250 g/m².
Pflanzmaterial: Es soll wüchsig und frei von Krankheiten sein, vor allem von Blattflecken!
Pflanzenmenge: Qualität I: 8 bis 10 Pflanzen/m². Qualität II: 5 bis 6 Pflanzen/m². Qualität I ist vorzuziehen, weil meist preisgünstiger.
Sorten: Für große Flächen in schattiger bis sonniger Lage: 'Digitata Hesse', 'Grünpfeil', 'Hibernica', 'Modern Times', 'Wingertsberg', 'Woerner'.
Für mittelgroße Flächen in schattiger bis sonniger Lage: 'Atropurpurea', 'Dentata', 'Donerailensis', 'Sylvatica', 'Nigra'.
Für kleine Flächen in halbschattiger bis schattiger Lage: 'Deltoidea', 'Green Ripple', 'Maple Queen', 'Minima', 'Pittsburgh', 'Star', 'Sylvanian', 'Wichtel', 'Walthamensis'.
Bunte Sorten für mittelgroße bis kleine Flächen in halbschattiger bis schattiger Lage: 'Glacier', 'Lee Silver', 'Paper Doll', 'Silbermöve', 'Sulphurea', 'Tricolor'.
Das Pflanzen: Wurzelballen unbeschädigt in die Erde bringen, und zwar so tief, daß er ganz mit Erde bedeckt ist. Gut andrücken und reichlich angießen. In den ersten Jahren während Trockenperioden im Sommer gelegentlich wässern.

Auf kleinen Flächen, so am Eingangsbereich eines Hauses, ist der Efeu vorteilhaft zu verwenden. Hier 'Hibernica', Beschreibung Seite 35

Auch in Strauchgruppen ist der Efeu eine optische Bereicherung.

Der Efeu an Baum und Strauch

Baum und Strauch sind der natürliche Gegenstand für die Entfaltung des Efeus. Er benutzt sie als Stütze, um ans Licht zu kommen, denn dort erst vermag er

Blüten und Früchte zu bilden. Mancher mag sich sogleich fragen, wieso der Efeu nicht schon auf ebenem Boden in vollem Licht zur Blüte gelangen kann. Das hängt einfach damit zusammen, daß er eine bestimmte Strecke ungestörten Wachstums zurücklegen muß, um von der Jugendform in die fruchtbare Altersform zu gelangen. Manchmal kann man bei ungestört wachsenden Flächen in voller Sonne nach Jahren ebenfalls die Altersform beobachten. Von der Sämlingspflanze bis zur Altersform braucht der Efeu etwa acht bis zehn Jahre. Schauen wir uns einen kletternden Efeutrieb an, so müssen wir staunend feststellen, wie sich die Blattform und auch die Größe der Blätter nach oben hin wandelt: vom stark gelappten Blatt über weniger gelappte, ganzrandige, birnenförmige Blätter zum schmalen, zugespitzten Blatt der Altersform.

Nun aber zurück zur Baumberankung. Hier muß zuerst zu einer wichtigen Frage Stellung genommen werden: Schadet der Efeu seinem Stützbaum?

Theophrast (372–287 v.Chr.) schreibt in seiner »Historia plantarum«: »Geht der Efeu an Bäumen empor, so ist er ihnen schädlich, indem er sie aussaugt . . . Wird er unten abgehauen, so kann er doch noch mit seinen an einem Baum oder Mauer haftenden Wurzeln fortleben.« Diese Meinung wird so oder in abgewandelter Form hie und da bis auf den heutigen Tag vertreten. Theophrast hat den Efeu zwar gut beobachtet, aber doch einen falschen Schluß aus seinem Verhalten gezogen. Tatsächlich vegetiert der Efeu noch längere Zeit fort, wenn er von seinen Erdwurzeln getrennt ist. Sein hartes Blatt verdunstet wenig, und er vermag die Luftfeuchtigkeit gut auszunutzen.

Efeu hat also keinen schädigenden Einfluß auf die Bäume, von denen er Besitz ergreift, zumal wenn er dieselben erst in fortgeschrittenem Alter erklimmt. Man will sogar mehrfach beobachtet haben, daß mit Efeu bewachsene Eichen gesünder und im Wuchs kräftiger waren als solche ohne Efeubewuchs. Dagegen sollen Obstbäume, vor allem Birnbäume, einen Bewuchs mit Efeu auf die Dauer nicht ertragen. Das hängt sicher mit dem verhältnismäßig schwachen Wachstum dieser Bäume zusammen.» . . . Wenig Äpfel trägt er mir nur, der sonst so beladene; siehe, der Efeu ist schuld, der ihn gewaltig umgibt. Und ich faßte das Messer, das krummgebogene, scharfe, trennte schneidend, und riß Ranke nach Ranke herab.« (Goethe in den »Elegien«).

Auch im Forstbau schätzt man den Efeubewuchs an Baumstämmen heute wieder, denn man hat erkannt, daß dieser die Stämme vor zu großen Temperaturschwankungen bei Sonneneinstrahlung im Winter schützt, die unerwünschten Lichtreiser am Stamm unterdrückt und den Befall von Borken- und Bastkäfern mindert.

Schädlich könnte der Efeu einem Baum oder Strauch nur dann werden, wenn er über die Zweige und das Laubdach derselben wachsen und also seiner »Wirtspflanze« das zu ihrem Leben notwendige Licht wegnehmen würde. Zu einer solchen Überrankung kann es jedoch fast nie kommen, da die Efeutriebe an den sehr schrägen bis fast waagerechten Ästen wenig oder überhaupt nicht mehr klettern, sondern dann frei herunterhängen. Meist ist der Efeu in dieser Höhe auch schon in die Altersform übergegangen, die ja bekanntlich nicht mehr klettert.

Wenn alte, mit Efeu bewachsene Bäume absterben, zieht man gerne den falschen Schluß, daß der Efeu daran Schuld sei. Aber jeder Baum hat seine Altersgrenze. Und der Efeu mit seinem möglichen Alter von 150 bis 200 Jahren kann viele Bäume überleben, zumal er sie ja oft erst in deren vorgerücktem Alter zu bewachsen beginnt. Efeu wächst bevorzugt an laubabwerfenden, also sommergrünen Bäumen. Das hängt wohl damit zusammen, daß er auf Laubbäumen in größeren Lichtgenuß kommt, was ja für die Ausbildung seiner Blüten notwendig ist.

Bei der Begrünung von Laubbäumen ist folgendes zu beachten: Man sollte Efeu nicht an sehr junge Bäume pflanzen, oder man müßte ihn an den Astgabelungen

Linke Seite: Im Laufe von Jahrzehnten entfaltet sich der Efeu mächtig an einem Baum. Infolge seiner langen Lebensdauer kann er diesen überleben.

durch Schnitt begrenzen. Schwachwachsende Bäume, wie etwa Birnbäume oder andere Obstbäume, sollte man mit schwachwachsenden Sorten begrünen und den Efeu an den Astgabelungen durch Schnitt begrenzen.

Efeu ist auch an immergrünen Gehölzen eine Zierde. Wenn hier der Efeu etwas weniger Licht bekommt und dadurch langsamer wächst, so ist das nicht von großer Bedeutung. Die oft kahlen Stämme von Nadelgehölzen können mit einer schönen Efeusorte effektvoll begrünt werden. Besonders reizend kann ein buntblättriger Efeu in einem grünen oder blaugrauen Koniferenbusche sein!

Auch abgestorbene Bäume können mit Efeu berankt zu interessanten Objekten werden. Freilich sollte man die Äste stark zurücknehmen, damit der Baum nicht zu schwer wird. Der Stamm sollte auch von Zeit zu Zeit auf seine Standfestigkeit geprüft werden.

Schließlich sei noch der Efeu als mögliche Strauch- und Heckenbegrünung erwähnt. Hier sollte man, besonders bei schwachwachsenden Sträuchern, mit der Schere Einhalt gebieten, wenn der Efeu das Gehölz zu sehr bedrängt. Bei Heckenpflanzen, die, weil zu sehr im Schatten von Bäumen stehend, von unten kahl werden, kann Efeu eine willkommene Begrünung sein. Gegebenenfalls läßt sich eine solche Hecke mit der Zeit in eine Efeuhekke umwandeln.

Pflanzenqualitäten und -mengen

Qualität I: 2 bis 3 Pflanzen, je nach Baumumfang.

Qualität II: 1 bis 2 Pflanzen, je nach Baumumfang.

Qualität III: 1 Pflanze, je nach Baumumfang.

Zu empfehlen sind Qualität II und III. Bei letzterer müssen die Triebe am Baum befestigt werden.

Efeu an Pergolen, Lauben und Zäunen

Der Efeu, von Natur aus an Pflanzen kletternd, bedient sich natürlich auch gerne einer künstlichen, vom Menschen angebotenen Stütze. Solche Gartenbauten, wie wir sie zusammenfassend nennen wol-

Links: *Hedera colchica* 'Dentata Variegata' als Blickfang an einer Pergola. Beschreibung Seite 30

Rechts: Efeu und *Clematis montana* an einer Natursteinmauer.

len, sind Pergolen, Laubengänge, Pavillons, Bögen, Pfosten, Mauern und Zäune. Gerade in letzter Zeit hat man solche Gerüstkonstruktionen als platzsparende Raumteiler wieder neu entdeckt. Pergolen und Laubengänge dienen vor allem in größeren Gärten als Elemente der Raumgestaltung und bieten Schling- und Kletterpflanzen Entfaltungsmöglichkeiten, ja sind geradezu in Verbindung mit diesen gedacht. Sie sind wirksame Mittel, um einen Gartenteil räumlich abzuschließen, eine gute Verbindung zwischen Haus und Garten herzustellen und schattige und gleichzeitig gegen Sicht vom Nachbarhaus her gedeckte Wandelgänge zu schaffen.

Ein solcher »Gartenbau« kann auch mit Efeu bepflanzt werden. Bis ein Laubengang ganz mit Efeu überwachsen ist, wird schon ein Jahrzehnt vergehen. Dann aber wird dieser Sommer wie Winter ein dichtes Blätterdach bieten. Vielfach wird man, gerade bei Pergolen, die Vereinigung verschiedener Arten anstreben, was sehr malerisch wirkt. So kann man mit Efeu, auch den bunten Sorten, zum Beispiel *Parthenocissus quinquefolia* oder *P. quinquefolia* 'Engelmannii', Clematis und Kletterrosen in ihren verschiedenen Blütenfarben zusammenpflanzen. Solch eine Mischpflanzung hat den Vorteil, daß nach Laubabwurf der Blütengehölze der Efeu noch mit seinem Grün erfreut.

Mit Efeu sollte man nur solide Konstruktionen beranken, vor allem solche aus Stein und Metall. Auch die massiven Holzpfosten einer Pergola kann man dem Efeu anvertrauen. Freistehende Bögen, Masten und Pfähle können auch ausschließlich mit Efeu begrünt werden. Hier sind die großblättrigen Colchica-Sorten am richtigen Platz.

Pflanzenqualitäten und -mengen für Pfosten und Pergolen

Qualität I: 2 bis 3 Pflanzen je Pfosten.
Qualität II: 1 bis 2 Pflanzen je Pfosten.
Qualität III: 1 Pflanze je Pfosten.
Qualität II ist besonders zu empfehlen (Triebe befestigen!).

Die Triebe wachsen in die offenen Mauerfugen und können sich darin bewurzeln.

Ist das Grundstück durch eine Mauer begrenzt, können wir diese benutzen, um schöne Efeusorten sich an ihr entfalten zu lassen. Es ist ein schöner und günstiger Platz für ein Efeusortiment. Nur sollte man darauf achten, den einzelnen Sorten genügend Raum zur Entfaltung zu geben.

Ein Holz- oder Drahtzaun, der den Garten begrenzt, ist gleicherweise gut mit Efeu zu begrünen. Ein durchsichtiger Maschendrahtabschluß wird durch Efeubewuchs in eine schmale Sichtschutzhecke umgewandelt. Da der Efeu eine Schattenpflanze ist, kann man mit ihm auch dort noch eine solche Hecke bilden, wo andere Pflanzen versagen würden. Wie oft ist eine Hecke aus Laub- oder Nadelholz dort sehr dünn und unbefriedigend, wo sie von Bäumen überschattet wird!

Bei der Begrünung eines Maschendrahtzaunes wird deutlich, daß der Efeu kein Schlinggewächs, sondern ein Wurzelkletterer ist. Ohne menschliche Hilfe kann er den Zaun nicht erklimmen. Die Triebe müssen am Zaun befestigt werden, oder man schlingt sie durch die Maschen nach oben. Hat der Efeu die Höhe des Zaunes erreicht, so verbreitet er sich schnell über denselben und läßt ihn zur grünen Wand werden. Die weitere Pflege ist dann

Zur Zaunberankung ist der Efeu wie geschaffen.

nicht mehr aufwendig. Sie beschränkt sich auf einen gelegentlichen Schnitt, jedoch erst, wenn nach Jahren die Alterstriebe erscheinen. Und auch dann muß nicht jedes Jahr geschnitten werden.

Empfehlungen zur Pflanzung eines Efeuzaunes

Bodenvorbereitung: Vor der Pflanzung den Boden tief lockern, gegebenenfalls mit Humus anreichern, am besten mit Kompost. Der Boden soll durchlässig, nicht vernäßt oder sauer sein!

Pflanzenqualität und -abstand: Qualität I: 0,5 bis 0,8 m Abstand. Qualität II: 0,8 bis 1 m Abstand. Qualität III: 1 bis 2 m Abstand. Zu empfehlen sind Qualität II und III. Bei Qualität III hat man die Möglichkeit, die Triebe am Zaun zu befestigen, und kommt so schneller zum Ziel.

Pflege: Sie besteht im Leiten der Triebe nach oben. Ein Rückschnitt wird erst nach Jahren nötig, wenn der Zaun überwachsen ist und sich Alterstriebe bilden. Durch jährlichen Rückschnitt erzielt man eine dichte, schmale Hecke.

Sorten: Es kommen Sorten mit starkem bis mittelstarkem Wuchs in Frage, die eine Winterhärte von XXX bis XX besitzen.

In Pflanzgefäßen ist der Efeu mit seiner Vielgestaltigkeit unentbehrlich. Im Vordergrund ein Efeustämmchen, auf *Fatshedera* gepfropft.

Efeu in Kästen und anderen Pflanzgefäßen

Vor den Fenstern, auf der Veranda, in nächster Nähe des Hauses, kurz überall dort, wo der Boden gepflastert oder sonstwie versiegelt ist, steht der Pflanzenschmuck in Pflanzgefäßen. Hier wird in den letzten Jahren und mit Erfolg Efeu verwendet. In solchen Pflanzgefäßen können viele Sorten verwendet werden, welche für die bis jetzt besprochenen Möglichkeiten im Garten nicht zu empfehlen wären. Sorten, die bislang nur fürs Zimmer geeignet schienen, überstehen im Freien in Hausnähe oft besser den Winter als in der warmen und trockenen Zimmerluft. Bei den einzelnen Sortenbeschreibungen (ab Seite 25) wurde auf diese Verwendungsmöglichkeit besonders hingewiesen.

Wichtig ist es, daß die Pflanzen gut abgehärtet in den Winter gehen. Deshalb sollte man den Efeu am besten schon im Frühjahr oder Sommer in die Gefäße pflanzen. Kurz vor Frosteinbruch oder gar während des Winters kann man keinen Efeu von einem geheizten Raum oder Gewächshaus ins Freie pflanzen. Auch Wintersonne bei starkem Frost kann die Pflanzen schädigen, und das um so mehr, je geringer die Winterhärte der betreffenden Sorten ist. Darauf sollte man Rücksicht nehmen und an Stellen, die einen Großteil des Tages unter Sonneneinstrahlung liegen, nur genügend harte Sorten verwenden (Winterhärte XXX bis XX–XXX).

Gefährlich, ja lebensbedrohlich kann diesen Kübel- und Kastenpflanzen jedoch ein sehr kalter, lang anhaltender Winter werden. Das ist der Fall, wenn etwa von Januar bis April der Boden ständig gefroren ist. Die Pflanzen vertrocknen dann mehr als sie erfrieren, weil sie aus der gefrorenen Erde keine Feuchtigkeit mehr aufnehmen können. Solche Winter gab es in den letzten Jahren allerdings wenige. Der Sortenanwendung bei der Be- oder Beipflanzung in Pflanzgefäßen ist also fast keine Grenze gesetzt, wenn man bereit ist, auch einmal einen Rückschlag hinzunehmen.

Eine laufende, etwa ein- bis zweiwöchige Düngung mit 0,1 bis 0,2%iger Volldüngerlösung ist von Ende Mai bis Ende August erforderlich. Alle zwei bis drei Jahre sollten die Gefäße im zeitigen Frühjahr umgepflanzt werden. Dabei geht ein Großteil der Wurzeln verloren, weshalb man auch die Triebe zurückschneiden sollte.

Als Beipflanzung in Kübeln und Kästen zwischen blühenden Balkonpflanzen hat sich der Efeu in den letzten Jahren einen Platz erobert.

Auch eine reine Efeupflanzung, bei der viele verschiedene Sorten verwendet werden, ist interessant und abwechslungsreich.

Pflanzenqualitäten und -mengen für Balkonkästen (bei ausschließlicher Bepflanzung mit Efeu)
Qualität I: 5 bis 6 Pflanzen pro m.
Qualität II: 4 bis 5 Pflanzen pro m.
Qualität III: 3 bis 4 Pflanzen pro m.
Am gebräuchlichsten ist Qualität II; Qualität III nur, wenn sofort lange Ranken gewünscht werden.

Efeu am Wohnhaus

Um die Jahrhundertwende, zur Zeit des Jugendstils, waren Kletterpflanzen an Gebäuden sehr in Mode gekommen. Sie schufen die Verbindung zwischen Haus und Garten. Der Ausbruch des Ersten Weltkrieges ließ diese gute Idee jedoch bald versiegen. Die Kletterpflanzen und damit auch unser Efeu gerieten zunehmend in Vergessenheit, und später sogar in Verruf. Das Bauwerk, die Architektur, sollte nicht durch Pflanzenwuchs verdeckt werden, oder es stand möglicher Schaden im Vordergrund.

Seit gut einem Jahrzehnt ist nun die Hausbegrünung wieder stark ins Blickfeld gerückt. Grüne Wände bieten ein freundliches Bild und bringen uns ein Stück verlorene Natur zurück. Darüber hinaus bietet dieser Bewuchs dem Haus Schutz gegen Kälte und Feuchtigkeit. Man hat festgestellt, daß Efeubewuchs am Wohnhaus die Wärmeabstrahlung um 10 bis 30 Prozent verringern kann.

Bei der Hausbegrünung spielt der Efeu eine große Rolle. Stellt er doch fast die einzige immergrüne Pflanzenart für diesen Zweck dar. Wie ist nun aber eine solche Begrünung von der Bausubstanz her zu beurteilen? Die **Schadensfrage** bei der Hausbegrünung wurde lange nicht ernsthaft untersucht und sehr verschieden beurteilt. Von uneingeschränktem Optimismus pro Begrünung bis zur völligen Ablehnung derselben, gab es und gibt es heute noch Stimmen. Hier sollen zunächst die Grenzen einer Efeubegrünung aufgezeigt werden.

Einen Schaden oder zumindest Unannehmlichkeiten können sich bei einer Begrünung mit Efeu aus einer botanischen Eigenschaft desselben ergeben, welche man als negativen Phototropismus bezeichnet. Diese Eigenschaft bedeutet praktisch, daß der Efeu mit seinen Triebspitzen ins Dunkle wächst, also in Mauerritzen, Entlüftungen, Rolladenkästen, unter Dachpfannen, Verblendungen usw. Der Efeu ist also nur an solchen Wänden angebracht, die vollkommen »dicht« sind und auch keine Risse aufweisen. Wände mit vorgeblendeten Plattenelementen, Schiefer und dergleichen sollte man nicht begrünen. Ferner muß bei einer Beratung zwecks Hausbegrünung immer wieder darauf hingewiesen werden, daß es dabei auf Dauer nicht ganz ohne Pflege geht. Man muß sich im klaren darüber sein, daß spätestens nach einigen Jahren der Zeitpunkt gekommen ist, wo man zur Schere greifen muß. Triebe wachsen in den Fenster- und Türbereich, und wenn der Bewuchs an der Dachtraufe angelangt ist, muß spätestens die Entscheidung fallen, daß ihm dort Einhalt geboten wird. Andernfalls wächst der Efeu, wie andere Kletterer auch, über die Dachrinne auf und unter die Dachpfannen. Die Dachrinne wird sich mit der Zeit mit altem Laub füllen und dadurch in ihrer Funktion gestört. Vielfach ist ein Rückschnitt direkt unter der Dachtraufe schlecht möglich wegen der Höhe des Hauses. Man überlege sich deshalb vorher, wie hoch man den Efeu wachsen lassen will oder kann.

Ein Rückschnitt der gesamten Wandfläche ist übrigens auch möglich, ja sogar notwendig, wenn sich nach Jahren die Alterstriebe gebildet haben, die dann von der Wand abstehen. Werden diese zu groß und schwer, kann sich der ganze Bewuchs von der Wand lösen, weil der Putz die Last nicht mehr trägt. Ein solcher Rückschnitt muß nicht jedes Jahr erfolgen. Am besten nimmt man diese Arbeit im

Normalerweise vermag der Efeu sich mit Hilfe seiner Haftwurzeln ungemein fest an seine Unterlage zu binden.

März–April vor. Man kann dabei sehr radikal vorgehen, so daß nur noch die Triebe, die unmittelbar an der Wand haften, übrigbleiben. Nach Austrieb des Efeus im Mai ist die Wand bald wieder mit frischem Grün bedeckt. Dieser radikale Rückschnitt ist auch bei Spinnmilbenbefall ratsam (siehe Seite 54).

Das Nichthaften des Efeus

Es erstaunt immer wieder, mit welcher Kraft sich der Efeu an seiner Unterlage festhält. Man kann die Triebe oft nur stückweise von ihrer Unterlage losreißen. Um so mehr befremdet es und führt zu Trugschlüssen, wenn er das in manchen Situationen überhaupt nicht tut. Die Triebe liegen dann nur lose an der Wand und fallen wieder zu Boden. Manchmal scheint der Efeu die Wand regelrecht zu meiden und wächst nur am Boden. Die Ursache für dieses Verhalten liegt nicht so sehr beim Efeu, insofern es Rassen oder Sorten geben würde, die sich unterschiedlich in diesem Punkte verhielten. Der Efeu ist, wie oben schon erwähnt, phototropisch negativ ausgerichtet und seine Haftwurzeln benötigen eine feste, eher wasserabweisende Unterlage zum Haften. Grobe Unebenheiten, wie sie etwa ein Kratzputz oder dergleichen darstellt, erleichtern dem Efeu das Haften nicht, ja, sind eher ein Hindernis für dasselbe.

Zusammenfassend läßt sich sagen: Alle Efeusorten und -arten sind zum Haf-

Hat der Efeu einmal Fuß gefaßt, erobert er schnell die Wandfläche. Triebe, die in den Fensterbereich wachsen, müssen abgeschnitten werden.

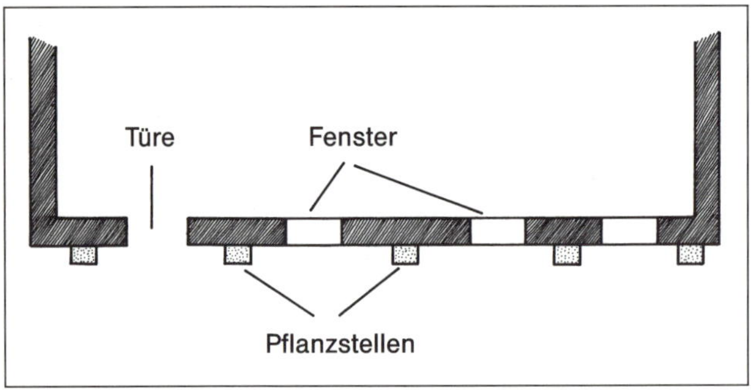

Oben: Eine gepflegte Wandbegrünung. Unter der Dachtraufe wurde dem Efeu durch Schnitt Einhalt geboten.

Unten: Bei Fassaden mit Fenstern und Türen müssen die Pflanzstellen der Situation entsprechend angelegt werden.

ten befähigt, solange sie sich noch in ihrer Jugendform befinden.

Hindernisse für das Haften können sein:

– Zu starke Lichtabstrahlung der Unterlage. Dies ist zum Beispiel bei einer weiß gestrichenen Wand, die von der Sonne beschienen wird, der Fall. Gegenmaßnahmen: Anstrich ändern. Eine Mischpflanzung mit Wildem Wein *(Parthenocissus)* anlegen; im Schatten des Wilden Weines kann der Efeu haften. Dünne Holzleisten senkrecht im Abstand von 50 cm direkt an der Wand befestigen.

– Die Wand besteht aus feuchtigkeitssaugendem, porösem Material, wie zum Beispiel Kalksandstein oder nicht hart gebrannten Ziegeln. Die geringe Feuchtigkeit, welche die Haftwurzeln zum Anhaften entwickeln und benötigen, kann in solchen Fällen nicht aktiv werden. Bezeichnend ist, daß der Efeu auf Kunstharzfarbe (Ölfarbe) oder glatten Kunststoffplatten, also Materialien, die wasserabweisend sind, sehr gut haftet.

– Efeu vermag auch nicht zu haften, wenn die Oberfläche einer Wand nicht fest ist. Diese Situation ist zum Beispiel bei einer »sandenden Wand« gegeben, oder wenn sich Sandsteine auflösen oder Kratzputz mit losen Sandkörnern und Staub behaftet ist.

– Inwiefern Giftstoffe in einem Anstrich, ein zu hoher pH-Wert an frischen Betonwänden und ähnliches das Haften des Efeus beeinträchtigen können, ist noch nicht hinreichend untersucht. Nichthaften an frischen Betonwänden kann auch mit deren Saugfähigkeit zusammenhängen. Wenn der Efeu nicht haftet, wird die Ursache meist in den drei oben genannten Punkten zu suchen sein.

Praxis der Wandbegrünung

Am einfachsten ist eine Wand ohne Fenster und Türen zu begrünen, an deren Fuß sich offenes Erdreich befindet. Hier kann man die Pflanzen gleichmäßig an der Mauer entlang verteilt einpflanzen. Meist sind jedoch Fenster und Türen vorhanden, und der Boden ist gepflastert, betoniert oder mit Kiessteinen belegt. In diesen Fällen müssen **Pflanzstellen** geschaffen werden zwischen den Fenstern und Türen, das heißt, man muß sich nach der jeweiligen Situation richten, kann also die Pflanzen nicht einfach gleichmäßig verteilen. In der Regel genügt ein Pflanzstellenabstand von 1 bis 2 m. Dies gilt für Wände, die nicht durch Fenster und Türen unterbrochen sind. Oft reicht der Bodenbelag bis direkt an die Mauer. Es müssen dann 40 × 40 bis 30 × 40 cm große

Pflanzstellen direkt an der Wand geschaffen werden. Je schwieriger sich dies gestaltet, desto mehr wird man sich in der Zahl der Pflanzstellen beschränken. Der Efeu breitet sich an einer Wand V-förmig aus, wächst aber mit der Zeit auch an der Basis in die Breite. Mit einer Pflanze pro Pflanzstelle kann man eine verhältnismäßig große Fläche begrünen, was allerdings mehr Zeit benötigt.

Da der Boden am Haus in sehr vielen Fällen gepflastert, betoniert oder asphaltiert ist, stellt sich immer wieder die Frage, ob man die Begrünung nicht von **Pflanzgefäßen** aus vornehmen sollte. Das ist nicht ratsam. Man bedenke, daß eine Efeubegrünung keine kurzfristige Sache ist, sondern über Jahrzehnte besteht. Bei zunehmendem Alter aber erreicht eine sich ungestört ausbreitende Pflanze eine beträchtliche Größe. Das Pflanzgefäß wird schnell zu klein, es müßte oft gewässert und gedüngt werden. Schwerwiegender noch ist die Gefahr des »Auswinterns« in länger anhaltenden Frostperioden. Man bedenke, daß die weitreichende Pflanze aus dem gefrorenen Erdreich des Pflanzgefäßes keine Feuchtigkeit mehr aufnehmen kann, die Verdunstung aber gerade an sonnigen Tagen beträchtlich sein kann. Der im freien Boden wachsende Efeu kann dagegen sein Wurzelwerk weit und tief ausdehnen und erhält in solchen Situationen aus frostfreien Tiefen seine Feuchtigkeit.

Andererseits taucht oft auch die Frage auf, ob der Efeu mit seinen Wurzeln dem Fundament schaden könne. Das Wurzelwerk des Efeus ist jedoch nicht besonders stark ausgeprägt, so daß in dieser Hinsicht bei neueren Bauten keine Bedenken bestehen. Über unterirdische Schädigungen durch Efeuwurzeln, auch an bereits älteren Bauten, ist bisher nichts bekannt geworden.

Der Efeu benötigt in der Regel keine **Kletterhilfe**, da es sich um einen selbstkletternden Wurzelkletterer handelt. Sollte er aus irgendwelchen Gründen doch an einem Gerüst hochgezogen werden, darf dieses nicht zu nahe an der Wand sein (et-

Oben: Durch einen Rückschnitt im April könnte man hier die Dicke des Polsters mindern und so die Architektur besser zur Geltung bringen.

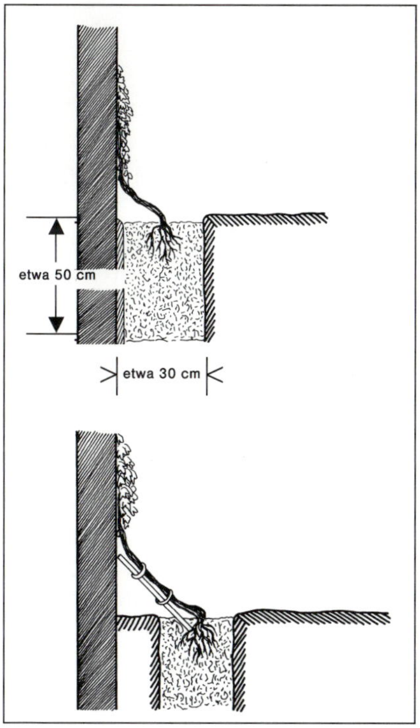

Links: Man pflanzt möglichst nahe an der Mauer. Verhindert dies ein breiterer Fundamentsockel, so wird die Pflanze mittels eines Stabes zur Mauer geleitet.

'Hibernica' wächst üppig und bildet schnell ein dickes Polster. Beschreibung Seite 35

wa 10 bis 15 cm Abstand), weil der Efeu dazu neigt, doch Triebe an die Wand anzulegen.

Das Gerüst kann aus einer vertikalen Drahtbespannung im Abstand von 15 bis 30 cm bestehen, je nach Wüchsigkeit der Sorte. Als Abrutschsicherung sollten alle 1 bis 2 m Querdrähte verlaufen. Die Triebe müssen von Zeit zu Zeit an den Drähten befestigt werden, bis sie oben sind. Später wird ein jährlicher Schnitt erforderlich sein, oben und auf der Fläche, wegen der Altertriebe und der wachsenden Belastung. Eine Verwendung von Efeu als Gerüstkletterpflanze frei vor einer Hauswand ist nur selten realisiert worden, weshalb es an Erfahrungen damit fehlt.

Empfehlungen zur Mauer- und Hausbegrünung

Pflanzstellen: Die Pflanzen sind wenn möglich in gleichmäßigen Abständen an der Mauer entlang zu verteilen. Bei Fronten mit Türen und Fenstern müssen die Pflanzstellen zwischen diesen angelegt werden. Pro Pflanzstelle setzt man gewöhnlich eine Pflanze, von Qualität I auch zwei Stück.

Pflanzenqualität und -abstand: Qualität I: 0,8 bis 1 m. Qualität II: 1 bis 2 m. Qualität III: 2 bis 2,5 m. Qualität II ist am gebräuchlichsten. Bei Qualität III müssen die Triebe an der Wand befestigt werden (!). Wenn nicht direkt an die Wand gepflanzt werden kann, ist Qualität III zur Überbrückung gut geeignet.

Teilbegrünung

Nicht immer ist es erwünscht, aus verschiedenen Gründen auch nicht zweckmäßig, das ganze Haus oder eine Front davon restlos zu begrünen. Eine Efeupflanze kann zum Beispiel nur den Hauseingang flankieren oder den Raum zwischen zwei Fenstern ausfüllen. Dazu wird man gerne eine besondere Sorte wählen, etwa eine hübsche buntblättrige oder eine zierlich wachsende, wenn die Ausdehnung nicht gar zu schnell erfolgen soll. Eine solche, eher sparsame Wandbegrünung kann sehr zierend wirken. In den ersten Jahren können die Efeutriebe frei ihr Muster an der Wandfläche entfalten. Später wird in vielen Fällen eine Begrenzung durch Schnitt erfolgen müssen, wenn die Triebe über den gewünschten Bereich hinauswachsen.

Zur Teilbegrünung kann man auch eine horizontale Begrenzung des Bewuchses an der Wand rechnen. Über dem Erdgeschoß etwa wird der Efeu durch Schnitt an seiner weiteren Ausdehnung gehindert. Es kann dafür verschiedene Gründe geben. Oft ist es besser, weil es sonst zu beschwerlich ist, den Begrenzungsschnitt in großer Höhe vornehmen zu müssen. Gerade bei hohen Bauten kann das zum

Problem werden. Möglicherweise ist der obere Teil des Hauses in schönem Fachwerk ausgeführt, das nicht mit Bewuchs überdeckt werden soll. Oder der obere Teil des Hauses ist mit Schiefer oder dergleichen verkleidet, auf welchem man den Efeu nicht wachsen lassen sollte, denn die Triebe wachsen unter den Schiefer! Teilbegrünungen sind auch auf Balkons, Veranden, Loggien, Terrassen oder Dachgärten von Pflanzgefäßen aus möglich.

Wird von einem Pflanzgefäß aus ein Wandteil begrünt, muß man darauf achten, daß die begrünte Fläche nicht zu groß ist. Besteht doch bei einer Efeupflanze in einem Pflanzgefäß erhöhte Gefahr der Auswinterung. Je größer die oberirdische Ausdehnung der Pflanze, desto kritischer wird für sie die Situation in strengen Wintern. Die erzwungene Verdunstung bei durchfrorenem Pflanzgefäß bewirkt, wenn länger anhaltend, ein Vertrocknen. Kästen kann man zu einem transportablen Sichtschutz gestalten, indem man sie mit einem Gitter aus Holz oder Metall versieht und dieses mit Efeu bewachsen läßt. Bei älterem Bewuchs ist ein regelmäßiger, wenigstens jährlicher Rückschnitt zu empfehlen.

Hier hätte auch eine schwachwachsende Sorte vorteilhaft verwendet werden können.

Dachbegrünung mit Efeu

Dachbegrünung ist seit Jahren ein aktuelles Thema. Deshalb soll es hier nicht übergangen werden. Wir wollen der Frage nachgehen, welchen Platz der Efeu dabei einnehmen kann.

Dachgärten gab es schon in der Antike. Denken wir nur an die sogenannten hängenden Gärten der Semiramis. Vor allem in den Mittelmeerländern, wo der Flachdachbau von ältester Tradition ist, kam es in verschiedenen historischen Epochen immer wieder zur Anlage von Dachgärten. Die Pflanzen wuchsen meist in großen Kübeln, die man zu Gruppen zusammenstellte. So waren auch bis in unsere Zeit Dachgärten in Mitteleuropa gestaltet worden.

In den letzten 20 Jahren haben Dachgärten stetig an Bedeutung gewonnen, ihre Gestaltung hat sich dabei grundlegend geändert. Heute begrünt man die gesamte Dachfläche.

Der Nutzen einer solchen Begrünung ist vielfältig. Wertvolle Lebensräume für Pflanzen und Tiere werden dadurch erschlossen. Verluste an Vegetationsflächen, die durch den Straßenbau entstehen, können zum Teil ausgeglichen werden. Bei Regen wird der Wasserabfluß verzögert, und die abfließende Wassermenge verringert. Das ist sehr wichtig, denn durch die geschlossenen Oberflächen (Beläge und Dächer) entsteht ein Grundwasserdefizit, weil das Regenwasser rasch in die Vorfluter abgeleitet wird. Bei der Dachbegrünung unterscheidet man grundsätzlich zwei Begrünungstypen, die Extensive und die Intensive Dachbegrünung. Natürlich gibt es Zwischenstufen, und es ergeben sich Differenzierungen in Abhängigkeit von der Dachneigung. Es werden sowohl Flach- wie Steildächer begrünt.

Bei einer modernen Dachbegrünung besteht der Aufbau der Vegetationsfläche aus mehreren Schichten, die fachmännisch von einem Garten- und Landschaftsbaubetrieb eingebaut werden müssen.

Bei der **Extensivbegrünung** beträgt die Dicke der Vegetationsschicht (= Substrat, in dem die Pflanzen wachsen) im Mindestfall nur 2 cm. Vegetationsschichtstärken bis zu 15 cm rechnet man noch zur Extensivbegrünung. Letztere ist für Gras-, Kraut-, Gehölz-Begrünungen geeignet, und hier wäre auch die Verwendung von Efeu denkbar. Leider liegen noch zu wenige Ergebnisse vor. Weniger mächtige Vegetationsschichten werden mit Moos, *Sedum*, Gras, Wildstauden und teilweise auch Zuchtsorten von diesen begrünt. Diese dünnschichtigen Begrünungen müssen lange Trockenzeiten durchstehen können, ebenso zeitweise Vernässung. Dem wäre der Efeu auf Dauer wohl nicht gewachsen.

Anders ist es bei der **Intensivbegrünung.** Darunter versteht man sowohl flächige Begrünungen mit Rasen, Stauden und Gehölzen, als auch punktuelle Begrünungen mit Sträuchern und Bäumen. Hier werden also wesentlich anspruchsvollere Pflanzen verwendet, die einen höheren und differenzierteren Bodenaufbau (15 bis 100 cm) mit entsprechenden Ent- und Bewässerungseinrichtungen erfordern. Eine solche Anlage muß ständig gepflegt und mit Nährstoffen und Wasser versorgt werden. Ihr Zweck liegt darin, erlebbare, vom Grün bestimmte Freiräume zu schaffen, sei es im privaten oder öffentlichen Bereich: Loggien, Wohnterrassen, Dachgärten an und auf privaten, gewerblichen und öffentlichen Hochbauten. Aber auch großflächige Begrünungen auf Tiefgaragen und U-Bahn-Terrassen, Einkaufsbereichen oder Bauwerken wie der Grünen Brücke in Mainz, einer Fußgängerplattform als Übergang über eine Hauptverkehrsstraße, die Rheinallee. Hier wurde bei der Bepflanzung hauptsächlich Efeu verwendet (fertiggestellt 1981. Architekt Dieter Magnus, Mainz).

Bei solchen Intensivbegrünungen von Dächern und anderen Bauten kann der Efeu natürlich sehr gute und vielfältige Verwendung finden. Bei der Grünen Brükke in Mainz wurde eine große Zahl von Efeusorten gepflanzt, darunter auch buntblättrige und solche mit geringer Winterhärte. Bei den empfindlicheren Sorten hat sich gezeigt, daß sie in solch öffentlichen und sehr strapazierten Anlagen nicht immer am richtigen Platz sind. An solchen Stellen sollte man starkwüchsige, robuste Sorten einsetzen. In privaten Dachgärten und an den richtigen Stellen finden die bunten Sorten und solche mit grazilen Blattformen ihren Platz, zur Freude und Befriedigung des aufmerksamen Gartenbesitzers.

Efeu als Lebensraum für Tiere

Ein guter Gärtnerfreund, der sich mit dem Thema »Tiere im Efeu« beschäftigt, schrieb mir, daß nach seiner Einschätzung der Efeu in der Artenvielfalt der Tiere, die er beherbergt, allen anderen Kletterpflanzen überlegen sei. Zweifellos ist das ein interessantes und aktuelles Thema, das auch im Rahmen dieses Buches angesprochen werden sollte.

Manche Leute haben die Befürchtung, daß sich durch eine Hausbegrünung mit Efeu Spinnen in die Wohnung ziehen würden, und lehnen deshalb eine solche ab. Sicher fühlen sich Spinnen in der Efeuwand wohl, bietet sie ihnen doch die für sie nötige Trockenheit. Dies beweist übrigens auch, daß Efeubewuchs eine Wand trokken hält. Leute mit »Spinnensorgen« bedenken oft nicht, daß der Efeu auch einer Menge anderer Tiere Schutz bietet, die das biologische Gleichgewicht wiederherstellen, auf das es letztlich ja ankommt. Schauen wir zunächst nach den vielen Vogelarten, die die Spinnen gerne als Nahrung aufnehmen.

Am häufigsten finden wir im Efeu Amsel und Grünfink, dann Hänfling, Buchfink und Stieglitz. Etwas seltener sind Gartengrasmücke, Grauer Fliegenschnäpper, Gartenrotschwanz, Zaunkönig, Rotkehlchen, Sommergoldhähnchen, Bachstelze und sogar die Nachtigall. An größeren Vögeln konnten Ringeltauben im Efeu nistend beobachtet werden. Dem Waldkauz

Gelege der Ringeltaube in den Zweigen der Efeu-Altersform.

geht es vermutlich um die Sperlingsjagd, da diese gerne im Efeu übernachten.

Die reifenden Efeufrüchte sind im ausgehenden Winter eine wichtige Nahrungsquelle für Amseln, Drosseln, Grasmücken, Ringel- und Türkentauben. Im Winter suchen Blau- und Kohlmeisen, Amseln, Rotkehlchen, Zaunkönig, Baumläufer und Heckenbraunellen nach Insekten, die im Schutz des immergrünen Blätterdachs überwintern.

Der im Herbst blühende Efeu ist außerordentlich reich an Nektar. Die Blüten werden deshalb von unzähligen Insekten aus den verschiedensten Gattungen besucht. Unseren Bienen ist es die letzte Nahrung, die sie für den Winter einbringen. Deshalb gibt es hierzulande keinen Efeuhonig, der allerdings auch einen merkwürdigen Geschmack haben soll. Aber auch Wespen, Schwebefliegen, Käfer, Nachtfalter und andere Insekten laben sich am Efeunektar.

Eine selten gewordene Schmetterlingsart, der Faulbaumbläuling, ist für die Ablage seiner Eier auf Efeublüten angewiesen. Efeublätter sind die Hauptnahrung des Holunderspanners, und der Zitronenfalter überwintert als voll entwickelter Schmetterling mit Vorliebe im Efeu.

Nicht nur Insekten und Vögel leben im Efeu, auch Säugetiere kann man da beobachten: der Igel am Fuß einer Efeuwand auf Insektenjagd, nachtaktive Tiere wie Gartenschläfer und Siebenschläfer und die Zwergfledermaus halten sich über Tag gerne im dichten Efeu auf. Diese Tiervielfalt bedeutet gegenseitige Regulation, bedeutet die Erhaltung eines Gleichgewichts in der Natur. Der oft vorgebrachte Einwand, Begrünung mit Efeu würde Ungeziefer in Menge anziehen, ist nicht nur falsch, sondern beruht auf Unwissenheit. Die begrünte Fassade und der Efeubewuchs an Mauer und Baum tragen dazu bei, daß für eine breite Vielfalt von Tieren Wohnung und Nahrung erhalten bleiben. Ja, man kann sagen, unsere Vogelwelt findet nirgendwo einen besseren Schutz als im Blattwerk des Efeus. Das gilt nicht nur für die Nistgelegenheiten, sondern auch für Unterschlupfmöglichkeiten im Winter, wenn die Laubgehölze ihre Blätter verloren haben.

Aus dieser Sicht ist der nicht zurückgeschnittene Efeu wertvoller. Sicher gibt es genügend Stellen im Garten, wo man den Efeu ohne Schaden ungestört wachsen lassen kann, zum Beispiel an einer Gartenmauer, einem Schuppen oder einem älteren Baum. Denn erst mit zunehmendem Alter des Efeus, wenn sich die strauchartige Form gebildet hat – nur sie blüht und fruchtet –, kann ein richtiges Biotop entstehen. Der Gartenschriftsteller Jürgen Dahl hat hierfür den Begriff vom »Efeu als Refugium im aufgeräumten Garten« geprägt.

Efeu als Gift- und Heilpflanze

Bei der Anlage von Kinderspielplätzen und der Bepflanzung der Gartenanlagen bei Kindergärten ist es wichtig, daß keine Pflanzen verwendet werden, welche durch ihre Giftigkeit die Kinder gefährden könnten. In den dabei beratenden Listen und Schriften ist auch der Efeu als giftig aufgeführt. Leider wird er dabei oft nur allgemein genannt, und es wird nicht klar herausgestellt, daß es sich nur um die fruchtende Form, *Hedera helix* 'Arborescens' handelt, nicht um die kletternde Jugendform. Als besonders giftig gilt das Fruchtfleisch der Beeren. Bei Verzehr von kleinen Mengen Beeren durch Kinder kommt es zu Reizerscheinungen des Magen-Darm-Traktes mit Übelkeit, Erbrechen und Kopfschmerzen. Manchmal tritt auch ein scharlachartiger Ausschlag auf, der an den Beinen beginnt, dann aber auch das Gesicht und den Rücken befällt. Größere Mengen führen zu Brechdurchfällen und Krämpfen, die lebensbedrohlich sein können.

Die erste Gegenmaßnahme bei einer Vergiftung besteht in der Bindung des Giftes durch eine Gabe von etwa 10 g Aktivkohle. Weitere Behandlung, die gegebenenfalls in einer Magenspülung besteht, muß durch den Arzt oder in der Klinik erfolgen.

An Kinderspielplätzen darf man also *Hedera helix* 'Arborescens' nicht pflanzen. Es handelt sich dabei um die durch Stecklinge vermehrte Altersform des Efeus, die kleine Sträucher bildet. Aber auch die Jugendform des Efeus kann mit der Zeit in die Altersform übergehen, besonders wenn sie an einer Mauer emporklettert. Gerade an niedrigen Mauern könnten dann die Beeren in die Reichweite der Kinder gelangen. Solche Altersstriebe müssen deshalb rechtzeitig entfernt werden.

Wie steht es aber mit der Giftigkeit der Efeublätter? Sicher sind auch sie nicht vollkommen ungiftig. Sagt doch schon der mittelalterliche Arzt und Naturforscher Paracelsus: »Alle Dinge sind Gift, und nichts ist ohne Gift, allein die Dosis macht, daß ein Ding kein Gift ist.«

In den »Mitteilungen der Deutschen Dendrologischen Gesellschaft« berichtete Friedrich Kanngiesser, Dr. med. et phil., zwischen 1920 und 1940 immer wieder über Giftpflanzen beziehungsweise Vergiftungen durch Pflanzen. Dabei wird zweimal von der giftigen Wirkung der Efeublätter bei einem Jungen berichtet, der solche gegessen hatte. Wahrscheinlich sind beide Fälle auf einen zu reduzieren. Der Junge ist beide Male dreieinhalb Jahre alt (!). Die Geschichte ist immer aus anderen Quellen übernommen, ihr Ursprung scheint in England zu liegen (Brit. Med. Journ., 1925, S. 294). Sonst sind mir keine Vergiftungen durch Efeublätter bekannt geworden. Die Giftwirkung der Efeublätter auf Tiere, von der gelegentlich vage berichtet wird, ist auch sehr unsicher. Oft konnte ich beobachten, daß Schafe mit Vorliebe Efeulaub fraßen, ohne jeglichen Schaden davonzutragen.

Der Efeu hat außerdem eine hautreizende, vor allem schleimhautreizende Wirkung, die von den Sternhaaren verursacht wird. Hantiert man im trockenen Efeulaub, lösen sich die Haare und schweben in der Luft. Sie vermögen eine Art Heuschnupfen zu erzeugen, der jedoch sehr schnell wieder abklingt und nicht zu den Allergien zu rechnen ist. Bei empfindlichen Personen kann sich auch die Haut röten. Wenn man das Efeulaub, bevor man daran arbeitet, naß macht, sind die Haare gebunden und unschädlich.

Die Bedeutung und Verwendung des Efeus als **Heilpflanze** ist sehr alt. Die beiden Griechen Hippokrates (460–377 v. Chr.) und Dioskorides (1. Jahrhundert n. Chr.) sowie der Römer Plinius der Ältere († 29 n. Chr.) sind die Begründer und Väter der wissenschaftlichen Heilkunde. Von ihnen stammen auch reichhaltige Aufzeichnungen über die medizinische Verwendung des Efeus, die unverändert in die mittelalterlichen Kräuterbücher übernommen wurden. Es kamen damals zur Verwendung: die Fruchtstände, Früchte und Samen, zum Beispiel in Essig oder Wein gekocht, gegen Milzschmerzen und Geschwüre, in Öl gesotten gegen Ohrenschmerzen. Wieder andere Zubereitungen vertrieben Kopfschmerzen, Schnupfen oder färbten die Haare schwarz. Das Efeuharz oder -gummi, das in den Mittelmeerländern an älteren Efeustämmen zu finden ist, diente als Abführmittel, zur Enthaarung und sogar als Plombiermasse für hohle Zähne.

In neuerer Zeit ist die Verwendung des Efeus in der Heilkunde sehr zurückgegangen. Immerhin fand er in der Homöopathie Verwendung. Man benutzte eine Tinktur aus Efeukraut gegen Schnupfen, englische Krankheit und den grauen Star.

Die allgemeine Heilkunde kannte außerdem Efeublättertee gegen Keuchhusten und Abkochungen aus Efeublättern für Fußbäder, die bei Frostbeulen halfen sowie bei den Folgezuständen von Quetschungen, Zerrungen und Knöchelbrüchen. Sebastian Kneipp empfiehlt zerquetschte Efeublätter zur Auflösung der Hornhaut von Hühneraugen. Technisch wurden Efeublätter wegen ihres hohen Saponingehaltes als Waschmittel benutzt.

In den letzten Jahren macht der Efeu in der Medizin wieder von sich reden. Aus Efeublätterextrakt wurde das Medikament Prospan[Reg] gegen Atemwegserkrankungen entwickelt. Von Fachpharmazeuten wird der Efeu als eine Pflanze bezeichnet, die gute Aussichten hat, sich in der Phytopharmazie auch weiterhin zu behaupten. Nicht nur durch die dem Efeu eigene krampflösende, ausscheidungsfördernde und beruhigende Wirkung, sondern auch aufgrund seiner bakterientötenden und pilztötenden Effekte stehen noch viele Möglichkeiten für die Verwendung dieser Pflanze offen.

Efeu in der Wohnung

Auf die Ausarbeitung dieses Kapitels habe ich besonderen Wert gelegt, habe viele, auch alte Bücher zu Rate gezogen sowie Erkenntnisse von Hobbygärtnern mit »grünen Daumen« eingebracht. Wo es sich um die Pflanzen in der Wohnung handelt, kann der Gärtner durchaus vom »Zimmergärtner« etwas lernen. Sind doch die Wachstumsbedingungen in einem Gewächshaus zu denen in einer Wohnung oft sehr gegensätzlich.

Efeu wurde schon sehr früh als Zimmerpflanze verwendet. Im Schwarzwald, in Tirol und Südtirol findet man ihn schon im letzten Jahrhundert in den Bauern- und Wirtsstuben, als Topf- und Ampelpflanze, ums Fenster herum gezogen oder an der Wand und Zimmerdecke. Natürlich handelte es sich damals noch nicht um die Sorten, welche wir heute zu diesem Zweck verwenden. Es war *Hedera helix*, wie er in der Natur wächst, oder allenfalls 'Hibernica'. Dies sind robuste Pflanzen im Vergleich zu unseren buntblättrigen Sorten. Aber auch das Klima in den Wohnräumen war damals ein anderes.

Standort

Vergleichen wir also die Ansprüche des Efeus mit dem, was ihm die Standorte in unseren Wohnungen zu bieten vermögen. Es gibt genügend Plätze, die ihm zusagen, und eine optimale Behandlung wird auch diese anspruchslose Pflanze zu unserer Zufriedenheit und Freude gedeihen lassen.

Licht

Efeu, in der Natur auch an sehr schattigen Standorten wachsend, scheint in bezug auf den Lichtgenuß sehr genügsam zu sein. Trotzdem dürfen wir ihm in diesem Punkt nicht zu viel zumuten. Der Efeu sollte im Zimmer nicht der vollen Sonne ausgesetzt sein, was vor allem für die buntblättrigen Sorten gilt. An sonnigen Stellen hinter dem Fenster sind die Temperaturschwankungen sehr hoch! Also Fenster nach Norden und Nordwesten wählen. Im Winter, bei Zimmertemperatur, sollte der Efeu sehr hell stehen, also nahe

Links: 'Goldstern', Beschreibung Seite 34

Rechts: 'Goldchild', Beschreibung Seite 33

dem Fenster, besonders die buntblättrigen Sorten. Man muß bedenken, daß die Lichtintensität hinter der Fensterscheibe sehr schnell abnimmt. Nach einem halben Meter hat sie sich bereits um rund 50 Prozent vermindert.

Luft

In vielen, auch alten Pflanzenbüchern wird für den Zimmerefeu ein luftiger Standort empfohlen. Das ist sicher richtig. Ist doch der Efeu eine Freilandpflanze. Also das Zimmer öfter lüften!

Am Efeu können durch verunreinigte Luft auch Schäden auftreten. Stärkerer Tabakrauch ist dem Efeu, wie auch vielen anderen Zimmerpflanzen, auf die Dauer nicht zuträglich. Durch Spuren von Leuchtgas in der Luft können die Blätter vergilben und abfallen. Ebenfalls kann man Vergiftungserscheinungen und Blattfall durch Äthylen beobachten, das von Äpfeln ausgeschieden wird. In einem Raum, in dem Äpfel gelagert werden, sollte also nicht gleichzeitig Efeu stehen.

Andererseits nehmen Pflanzen auch Schadstoffe aus der Luft auf und machen sie unschädlich. Neuere Forschungen ergaben, daß der Efeu sich besonders auf die Vertilgung von Benzol spezialisiert hat.

Temperatur

Wie wir schon sahen, soll der Efeu im Sommer nicht in der vollen Sonne stehen wegen der starken Erwärmung. Im Winter ist es ebenfalls die oft zu hohe, meist Tag und Nacht anhaltende Temperatur unserer Wohnungen, die dem Efeu nicht zusagt. In älteren Pflanzenbüchern kann man lesen, daß ein über Tag geheiztes Zimmer dem Efeu nichts ausmache, wenn wenigstens die Nacht kühl ist.

Optimal ist es, wenn sich die Temperaturen zwischen 6 und 18 °C bewegen. *Hedera canariensis* erträgt auch höhere Temperaturen. Eigentlich müßte man den Efeu zu den Kalthauspflanzen zählen. Das sind Pflanzen, welche im Winter mit Temperaturen zwischen 3 und 7 °C auskommen und im Sommer ihren Platz im Freien bekommen können. Mit einigem Geschick kann man den Efeu gut bei Temperaturen von 18 bis 20 °C halten, wenn nur die Nachttemperatur nicht zu hoch ist. Natürlich kann man den Efeu auch in ungeheizten Räumen überwintern.

Luftfeuchtigkeit

Viele Zimmerpflanzen leiden unter der trockenen Zimmerluft, so auch der Efeu. Auch im Zimmer verändert sich die relative Luftfeuchtigkeit mit dem Wetter. Bei Tiefdrucklage im Winter sind es ungefähr 40 bis 55 Prozent, bei Hochdrucklage 30 bis 45 Prozent. Am tiefsten sinkt die relative Luftfeuchtigkeit im Winter bei starkem Frost (20 Prozent). Wenn dann die Räume noch stark geheizt sind, kann es für den Efeu kritisch werden. Man sollte daher für feuchte Luft sorgen, und vor allem die Triebe des Efeus öfter in ein Wasserbad tauchen oder die Pflanzen besprühen.

Etwa 60 Prozent relative Luftfeuchtigkeit wären für den Efeu und für viele andere Pflanzen optimal. Das kann man jedoch nur in abgeschlossenen Blumenfenstern, Wintergärten und Gewächshäusern erreichen. Ansonsten müssen wir uns mit dem Besprühen der Blätter und dem Untertauchen der Pflanzen im Wasserbad helfen.

Pflege

Gießen

Vor allem ist stauende Nässe dem Efeu schädlich. Also für guten Wasserabzug im Topf sorgen, kein Wasser im Unterteller oder Übertopf stehen lassen! Am besten läßt man die Erde ziemlich trocken werden, damit sich die Poren wieder mit Luft füllen. Denn der Efeu braucht verhältnismäßig viel Luft an den Wurzeln, wie wir schon sahen. Natürlich darf man die Pflanzen nicht zu extrem austrocknen lassen. Gerade bei höheren Temperaturen und vor allem bei Lufttrockenheit kann das für die Pflanze lebensgefährlich werden. Dem Efeu sieht man es sehr spät an, oft zu spät, wenn er unter Trockenheit leidet. Die gelegentliche Mahnung in Pflegeanleitungen, den Efeu nicht ganz austrocknen zu lassen, hat darin wohl ihre Begründung. Zum Wässern tauche man den Topf möglichst mit der ganzen Pflanze in einen Eimer mit Wasser, bis die Erde sich mit Wasser gesättigt hat.

Das Gießwasser kann kalkhaltig sein, weil der Efeu ja einen hohen pH-Wert liebt. Man kann also Leitungswasser verwenden.

Erde und Düngen

Die Erde sollte nicht zu leicht, aber durchlässig sein, das heißt, sie sollte nicht nur aus Torf bestehen. Wichtig ist auch der Kalkgehalt (bis pH 8), also keine saure Erde! In einem alten Gartenbuch fand ich die Empfehlung: »Ein Gemisch von nicht zu leichter Erde, mit etwas Heideerde und einer Kleinigkeit Kalkschutt.« Ein Zusatz von gesiebtem Mörtelschutt könnte eine torfreiche Fertigerde aus dem Gartencenter für den Efeu brauchbarer machen.

Die Nährstoffversorgung kann mit Vorratsdüngern oder Nährsalzen geschehen. Vorratsdünger gibt es in organischer Form (Hornspäne, Oscorna, Manna Spezial, Kuhdünger und andere) oder anorganischer Form (sogenannte Langzeitdünger wie Osmocote, die meist im Gartenbau verwendet werden).

Eine Düngung mit Nährsalzen ist leicht zu handhaben und man kann sie dem Nährstoffbedarf der Pflanze gut anpassen. Nur darf man des Guten nicht zuviel tun. Mit einem stickstoffbetonten Volldünger, 1 g Dünger pro Liter Wasser, düngt man wöchentlich von April bis Ende August. Mit dieser niedrigen Konzentration kann man bei jeder Wässerung gleichzeitig düngen, auch wenn das Wässern in kürzeren Abständen erforderlich ist. Erhöht man die Konzentration auf 2 g pro Liter Wasser, darf man höchstens einmal in der Woche düngen. Nährsalze gibt es auch in flüssiger Form, sogenannte Flüssigdüngern, wie Mairol-, Substral- oder Etisso-Flüssigdünger. Wenn Nährsalze auf der Substratoberfläche ausblühen (weiße Ablagerungen), so ist das ein Zeichen, daß zuviel gedüngt wurde. Dann sollte man die oberste Erdschicht auswechseln und das Düngen vorübergehend einstellen. Es sei noch erwähnt, daß man nie auf trockenen Ballen düngen darf! Jedoch kann man einen mäßig trockenen Topfballen in einer 0,1%igen Düngerlösung tauchen, wenn man den Ballen sich gut vollsaugen läßt.

Schließlich seien noch Schäden erwähnt, die durch unsachgemäßes Wässern oder Düngen entstehen. In solchen Fällen werden die Wurzeln braun, die Blätter werden gelb und fallen ab, die Triebe werden von unten her trocken. Also keine stehende Nässe und Überdüngung!

Umtopfen und Säubern

Das Umtopfen junger, kräftiger Pflanzen sollte jährlich im Frühjahr erfolgen, wenn der neue Trieb einsetzt. Bei älteren Pflanzen kann man es im Schnitt alle zwei bis drei Jahre vornehmen. Die Töpfe sollte man dabei nicht zu groß wählen, denn der Efeu hat kein besonders starkes Wurzelwerk und liebt deshalb kleine Töpfe. In zu großen Töpfen besteht die Gefahr der Vernässung. Beim Umtopfen entfernt man vorsichtig abgestorbene Wurzeln und ein Großteil der alten Erde. Gleichzeitig kann man einen Rückschnitt vornehmen.

Große Sorgfalt verwende man auf die Reinhaltung der Blätter. Eine Staubschicht läßt diese vorzeitig vergilben und abfallen. Der Efeu sollte also oft gewaschen werden. Das beugt auch Schädlingsbefall vor.

Schädlinge

Die Efeuschädlinge wurden schon auf Seite 53 ff. behandelt. Hier soll noch auf ihre Bedeutung und Bekämpfung in der Zimmerkultur hingewiesen werden.

Spinnmilben

Sie sind die schlimmsten Feinde des Zimmerefeus. Durch eine sachgemäße Behandlung kann man diese Gefahr jedoch leicht bannen. Vor allem sind zu hohe Temperaturen und die damit verbundene trockene Luft an der Ausbreitung dieses Schädlings schuld. Die aufsteigende Warmluft eines Heizkörpers ist dem Efeu sehr schädlich. Solche Standorte also meiden! Eine sehr gute, vorbeugende Maßnahme ist es, die Pflanzen oft, das heißt bei jedem Wässern, in ein Wasserbad zu tauchen. Das Wasser dringt dann auch in die kleinsten Falten der Blätter, vor allem der Blattunterseite, in denen sich die Milben aufhalten. Und Feuchtigkeit ist diesem Schädling auf Dauer nicht zuträglich.

Blattläuse

Sie treten häufig im Frühjahr auf, wenn nicht rechtzeitig mit der Düngung begonnen wird und so eine Wachstumsstokkung entsteht. Gut gepflegte Pflanzen haben weniger unter Blattlausbefall zu leiden. Mit der Bekämpfung sollte man frühzeitig beginnen, sei es, daß man ohne Gift vorgeht und die Kolonien zerdrückt und die Triebe mit Seifenwasser wäscht, oder zu einem Pflanzenspray greift (Paral-, Etisso-Spray und andere).

Schildläuse

Vor ihnen muß man auf der Hut sein! Sie gehören zu den lästigsten Schädlingen unserer Zimmerpflanzen. Je früher man sie erkennt, desto besser sind die Aussichten auf eine wirksame Bekämpfung. Nur bei wiederholter Anwendung sind die angebotenen Mittel erfolgreich. Es sind verschiedene Pflanzenschutzsprays im Handel, die man verwenden kann. Stark mit diesen Schädlingen befallene Efeupflanzen kann man auch einfach ins Freie stellen oder pflanzen, wo sie sich oft wieder erholen. Dies kann jedoch nur in der Zeit von Mitte Mai bis September geschehen. Solange Frostgefahr besteht, darf man Efeu aus einem geheizten Raum nicht ins Freie bringen. Auch ist es bei einer Umgewöhnung auf Freilandverhältnisse wichtig, daß man einen absolut schattigen Platz im Freien wählt, wenigstens für die ersten beiden Wochen.

Verwendungsformen

Topf- und Ampelpflanze

Manche Efeusorten wachsen zunächst aufrecht und bilden einen kleinen Busch. So zum Beispiel 'Ivalace' und 'Stuttgart', noch ausgeprägter 'Congesta' und 'Erecta', die auch im Zimmer gehalten werden können. Durch Schnitt kann man diese Buschform erhalten. Läßt man die Pflanzen ungestört wachsen, werden auch sie mit der Zeit zu Hängepflanzen. Die Triebe hängen in Kaskaden hinab. Das ist der Wuchscharakter der meisten Efeusorten.

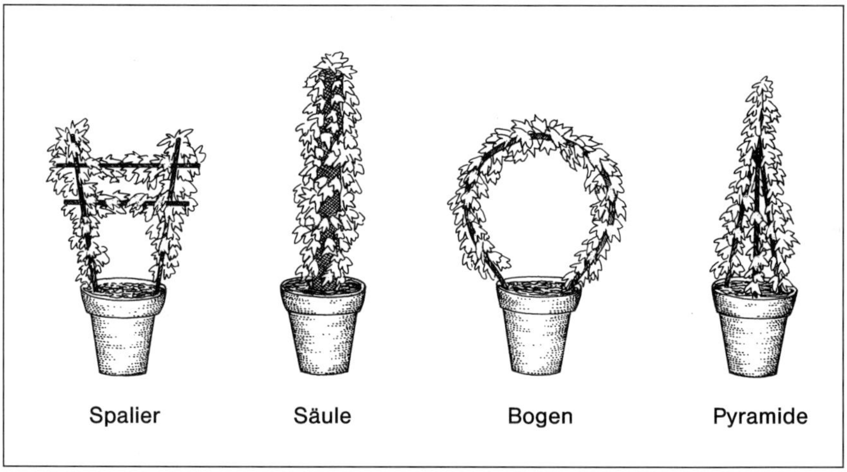

Verschiedene Gestaltungsformen: Aus Bambusstäben ist schnell ein Spalier gefertigt und bald mit Efeu begrünt. Ein rundgebogener Draht ergibt einen interessanten Efeubogen, 3 oder 4 Stäbe eine Pyramide.

In der Ampel kann der Efeu seinen hängenden Wuchscharakter frei entfalten. Die meisten Sorten sind für diesen Zweck gut geeignet, und Efeu in Hängeampeln ist sehr beliebt. Ampeltöpfe werden in reicher Auswahl im Fachhandel angeboten, sollten jedoch einfach gestaltet sein und nicht in leuchtenden Farben glänzen, damit die Pflanzen besser zur Geltung kommen. Efeu wird oft schon in Ampeln zum Verkauf angeboten. Am Blumenfenster, in Fensternähe und an hellen Stellen in Flur und Treppenhaus finden sie ihren Platz.

Spaliere und andere Formen

Statt die Efeutriebe nach unten hängen zu lassen, können wir sie mit Hilfe von Stäben oder Drähten zu mancherlei Formen gestalten. Ein kleines Spalier ist schnell aus drei oder vier Bambusstäben angefertigt. Ein rund gebogener Draht, an den Topfrändern in die Erde gesteckt und die Triebe locker um ihn geschlungen, ergibt einen schönen Efeubogen. Eine Efeusäule erzielt man an einem senkrecht in der Mitte des Topfes eingebauten Moosstab. Statt einen Stab mit Moos zu umkleiden, kann man auch ein Stück Hasendraht zu einer Walze formen und mit feuchtem Moos füllen. Genauso läßt sich der Efeu an einem einfachen Holzstab hochbinden. Drei oder vier Stäbe, an den Topfrändern eingesteckt und oben zusammengebunden, ergeben eine Pyramide.

So vielgestaltig wie die Efeusorten sind ihre Verwendungsformen.

Berankungen

Auch in der Wohnung besteht die Möglichkeit, Wände und Gegenstände mit Efeu zu begrünen. Hören wir, was Th. Rümpler in seinem Illustrierten Gartenbau-Lexikon von 1890 zur Verwendung des Efeus in der Wohnung sagt: »In den Wohnräumen ist der Efeu ein so allgemeiner Liebling, daß er kaum noch der Empfehlung bedarf. Er steht am Spalier neben dem Näh- oder Schreibtische der Hausfrau oder der poetisch träumenden Tochter, wohl auch des Gelehrten, und im günstigsten Falle wölbt sich eine Laube über denselben oder über ein Sopha. Das Spalier füllt Nischen, selbst verschlossene Türen aus, verdeckt im Sommer den Kamin, verbirgt Fenster, welche eine schlechte Aussicht haben (z. B. auf Höfe und Gänge), ja er ziert im Sommer sogar den Ofen, indem Töpfe oder Kästen daneben oder in Hohlräumen aufgestellt werden. Offene Flügel- oder Alkoventüren, durch das Zimmer gehende Dachbalken werden mit Efeu girlandenartig verziert. Von der Blumenampel hängen die Ranken herab; er umschlingt das Aquarium oder Terrarium, sogar den Vogelkäfig, wenn es sich der Bewohner desselben gefallen läßt. Er überzieht Wände und rankt durch Gardinen, umrahmt Spiegel und Bilder und macht alternde Gipsfiguren erträglich. Scheut man sich oft mit Recht, die Zimmerwände mit Efeu zu beziehen, so verhindert doch nichts, den Hausflur und das Treppenhaus damit zu schmücken, indem man die Ranken an zierlichen Spalieren befestigt. Oft umspinnen die Ranken Blumentisch, Jardinièren und hohe Untergestelle für Palmen. Man kann sagen, daß Efeu in manchen Wohnungen über das rechte Maß hinaus angewendet wird.«

Die aufrechtwachsenden Efeusorten sind interessante Objekte in Pflanzschalen. Hier 'Congesta', Beschreibung Seite 29

Dieses Zitat läßt erkennen, wie beliebt der Efeu damals in der Wohnung war und in welch vielfältiger Form er dort verwendet wurde. Freilich wird auch deutlich, daß der Efeu im Zimmer an einer Wand wachsend schwer zu pflegen ist. Wir können zum Beispiel seine Triebe nicht mehr in ein Wasserbad stecken. Deshalb sollte man eine solche Begrünung nur in einem Raum vornehmen, in dem man die Erfahrung gemacht hat, daß der Efeu dort gut wächst, das heißt, daß dort das richtige Klima für ihn herrscht.

Die Stellen, welche begrünt werden sollen, sollten möglichst hell, aber nicht sonnig sein. In einem Blumenfenster, Wintergarten oder gar Gewächshaus wird man eine Wandbegrünung mit gutem Erfolg durchführen können, weil hier die Wachstumsbedingungen optimal sind.

Efeu in Hydrokultur

Efeu ist in Hydrokultur schon lange erprobt und bewährt. Zur Hydrokultur bestimmte Stecklinge werden nicht in Erde vermehrt, sondern in Steinwolle (Grodan), Perlite oder Sand. Man deckt sie bis zur Bewurzelung mit Folie ab und bewässert danach gleich mit Nährlösung. Zum Einpflanzen verwendet man Blähton.

Beim Umstellen von in Erde kultivierten Pflanzen auf Hydrokultur muß die Erde vollkommen ausgewaschen werden. Man hält den Wurzelballen dazu unter einen starken Wasserstrahl, bis der letzte Rest der Erde entfernt ist. Anschließend wird sofort mit Blähton eingetopft. Man achtet dabei darauf, daß zuerst eine Schicht von 3 bis 4 cm Blähton in den Topf kommt, worauf die Wurzeln der Pflanze gelegt werden. Dann wird der Rest des Topfes mit Blähton gefüllt. Dies ist wichtig, damit die Wurzeln, die sich ja in der Erde entwickelt haben, nicht sofort ins Wasser kommen, sondern die Möglichkeit haben, ins Wasser hineinzuwachsen.

Zum Umstellen wählt man zweckmäßig jüngere Pflanzen, denn hier läßt sich die Erde noch leichter auswaschen.

Zimmerefeu-Pflege auf einen Blick

Licht: Möglichst heller Standort, jedoch nicht in der Sonne. Das gilt besonders für die buntblättrigen Sorten.

Luft: Efeu liebt einen luftigen Standort. Zimmer öfter lüften! Starker Tabakrauch und Spuren von Leuchtgas sind gefährlich.

Temperatur: Am günstigsten sind 6 bis 18 °C. Die Nachttemperatur sollte gegenüber der Tagestemperatur niedriger sein, vor allem bei höheren Temperaturen.

Luftfeuchtigkeit: Sie sollte möglichst hoch sein. Vor allem im Winter bei Frostwetter die Pflanzen besprühen, weil dann die Luftfeuchtigkeit im Zimmer sehr niedrig ist.

Gießen: Kein Wasser im Unterteller stehen lassen, keine Staunässe! Wechselfeucht halten. Am besten kurz ins Wasserbad.

Düngen: Von Frühjahr bis August wöchentlich mit 0,1%iger Lösung gießen (= 1 g Dünger auf 1 l Wasser). Stickstoffbetonten Volldünger verwenden!

Umtopfen: In der Regel im Frühjahr umtopfen. Junge, kräftig wachsende Pflanzen jährlich, ältere Pflanzen alle zwei bis drei Jahre.

Schädlinge: Hauptfeind ist die Spinnmilbe. Keine zu hohen Temperaturen. Standort nicht über einem Heizkörper. Öfter die ganze Pflanze kurz unter Wasser tauchen. Blattläuse: Wachstumsstockungen vermeiden. Im Frühjahr rechtzeitig mit der Düngung beginnen. Läusekolonien zerdrücken, Pflanze waschen. Schildläuse: Pflanze mit lauwarmem Seifenwasser und Bürste vorsichtig reinigen, dann mit Wasser nachspülen. Befallene Blätter entfernen.

Die Erziehung von Sonderformen

Obwohl der Efeu den kletternden Wuchscharakter einer Liane hat, erlangt er unter Umständen eine erhebliche Festigkeit und Dicke des Stammes.

Efeuhochstämmchen

In der gärtnerischen Kultur hat man frühzeitig, wohl schon im Altertum, durch Schnitt den Wuchs an den Spitzen zurückgehalten und so die Stammbildung gefördert. Bisweilen stirbt der efeubewachsene Baum ab, der Efeu wächst weiter und bildet mit der Zeit einen selbständigen »Efeubaum«. In seinen »Vorlesungen über Dendrologie« (1869) erwähnt Karl Koch einen solchen freistehenden Efeubaum, der in Hampton Court bei London existierte. Er hatte eine große runde Krone von 1,6 bis 2,0 m Durchmesser.

Auch wurde schon in früheren Zeiten Efeu als Stämmchen in Töpfen gezogen, oft aus Stecklingen der Altersform, die man durch sogenanntes Abmoosen gewonnen hatte. Um 1915 stand bei einem Bauern in Lehe bei Bremen ein 50 Jahre altes Exemplar von 8 m Höhe und 20 cm Stammumfang. Shirley Hibberd hat in seinem Efeubuch »The Ivy« (1872) ein schönes Efeuhochstämmchen abgebildet, wie es auch heute wieder beliebt ist und dessen Aufzucht in der Folge beschrieben werden soll. Wir sehen also, daß der Efeu als Hochstamm gezogen nicht im Zuge der »Hochstamm-Mode« der letzten Jahre erfunden wurde. Es ist vielmehr so, daß der Efeustamm immer wieder in Vergessenheit geriet, um dann neu entdeckt zu werden.

Beim Erziehen von Efeuhochstämmchen unterscheidet man zwischen wurzelechten Stämmchen und solchen, die

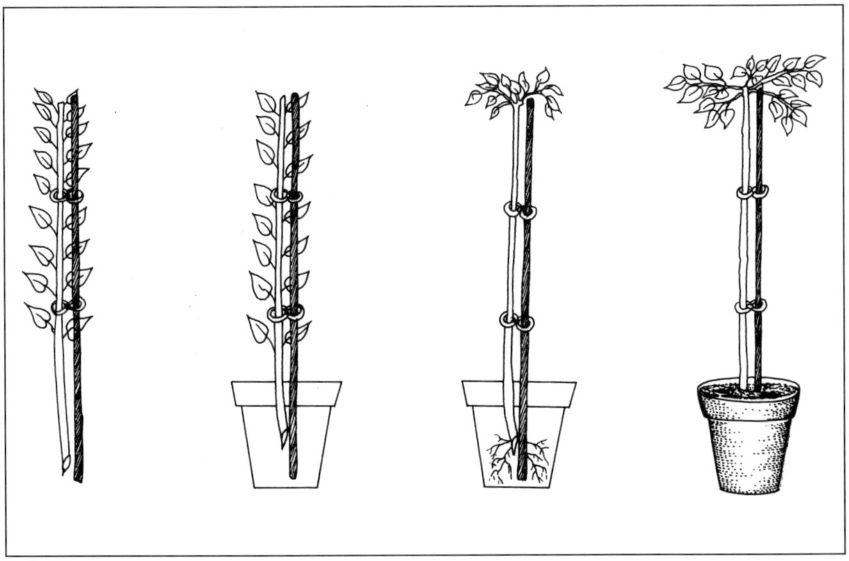

Anzucht eines wurzelechten Hochstämmchens: Ein starker Trieb wird an einem Stab befestigt, eingetopft und bewurzelt. Die obersten 4 bis 6 Austriebe ergeben die Krone. Alle übrigen Austriebe müssen nach und nach entfernt werden.

durch Pfropfung auf Aralie oder Efeuaralie erzielt wurden.

Wurzelechte Hochstämmchen

Zu ihrer Aufzucht benötigt man einen starken, gerade gewachsenen Efeutrieb, den man an einer Mauer, einem Baume oder frei wachsend finden kann. Der Trieb soll einjährig sein, nicht verholzt. In der gewünschten Stammhöhe wird er abgeschnitten. Die Spitze wird entfernt, der Trieb an einen Stab gebunden und zur Bewurzelung in einen nicht zu großen Topf eingetopft (siehe Abbildung). Die dazu verwendete Erde soll besonders locker und durchlässig sein, oder man benutzt ein Torf-Sand-Gemisch. Ein guter Bewurzelungsstandort findet sich bei feuchter Luft in einem Blumenfenster oder Gewächshaus, oder man stellt den Topf unter eine durchsichtige Plastiktüte.

Nach Bewurzelung und Austrieb bleiben die obersten drei bis vier Austriebe stehen. Mit ihnen wird die Krone gebildet. Die anderen Triebe, die am Stamm auswachsen, werden mit den Blättern nach und nach direkt am Stamm abgeschnitten. In der Fachsprache nennt man diesen Vorgang »Blenden«. Die weiteren Erziehungsmaßnahmen bestehen hauptsächlich im Schnitt der Kronentriebe (siehe Abbildung) und im Entfernen von Austrieben am Stamm, die noch solange erfolgen können, wie sich schlafende Augen an demselben befinden.

Bei dem eben beschriebenen Verfahren geht man von einjährigen Trieben aus. Man kann jedoch auch ältere, stärkere Triebe benutzen und dann schneller zu einem stärkeren Stamm kommen. Ein möglichst gerader Trieb an einem Baume etwa ist dazu gut geeignet. Man trennt ihn in der gewünschten Höhe durch, löst ihn vorsichtig von seiner Unterlage und gräbt den unteren Teil mit einigen Wurzeln aus dem Boden. Wenn noch grüne Teile vorhanden, beläßt man sie zunächst. Die obersten Austriebe bilden die Krone.

Auf diese Weise kann man auch Äste der Altersform, die sich etwa in altem Gemäuer bewurzelt haben, im Topf oder Kübel als Baum weiterkultivieren. Eine solche Gelegenheit bietet sich, wenn eine alte, mit Efeu bewachsene Mauer erneuert wird und man den Efeu an ihr entfernt. Das zunächst im Topf oder Kübel stehende Bäumchen kann man später auch auspflanzen. Solche Exemplare können Jahr-

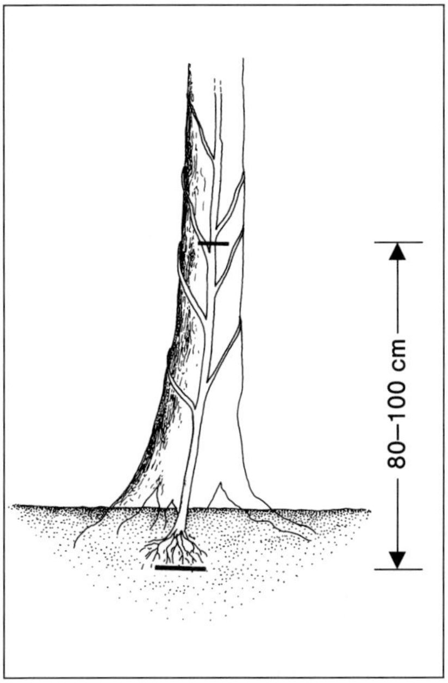

Ein gerader, schon stärkerer Trieb, der sich an einem Baum oder einer Mauer entwickelt hat, kann ein gutes Ausgangsmaterial für ein Efeustämmchen sein.

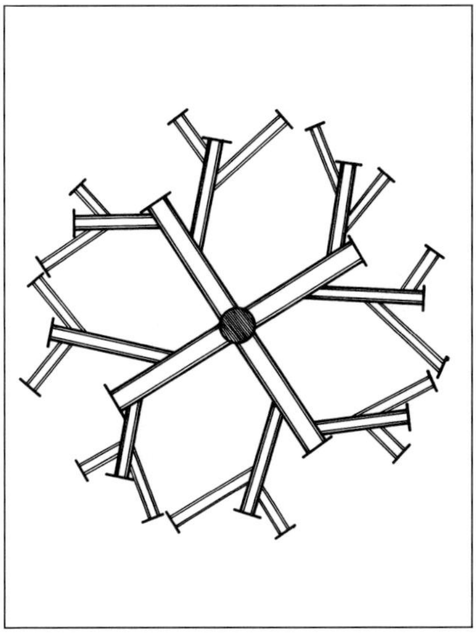

Aufbau und Schnitt der Krone, schematisch dargestellt.

Auch in einem Gemäuer bewurzelte Alterstriebe (links) oder Stecklinge der Altersform (rechts) ergeben wertvolle Hochstämmchen.

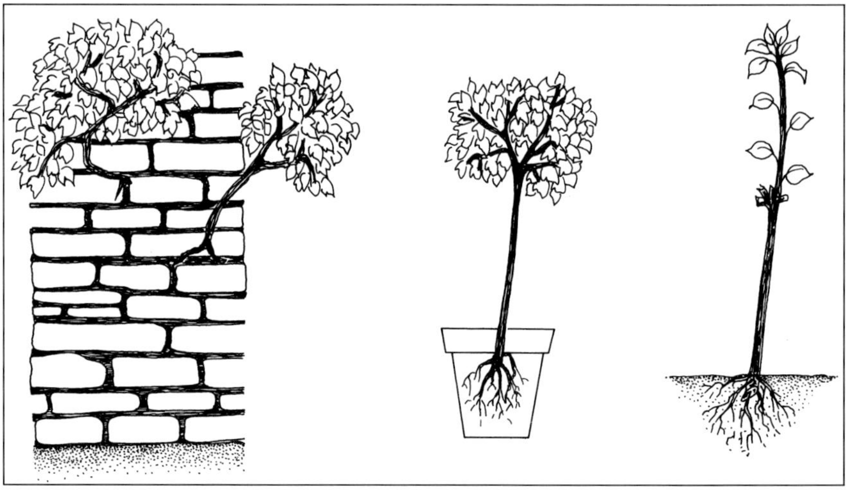

zehnte alt werden und zu stattlichen Exemplaren heranwachsen. Niedrige Stämmchen können aus etwas langtriebigen *Hedera helix* 'Arborescens', dem bewurzelten Alterstrieb also, gewonnen werden. Besonders gut geht das bei 'Hibernica', weil bei ihr der jährliche Alterstrieb viel länger ist. Der Stamm wird verlängert, indem man die Knospen bis auf eine entfernt und den daraus wachsenden Jahrestrieb hochzieht (siehe Abbildung).

Zur Erziehung von Stämmchen, die fürs Freie bestimmt sind, verwendet man am besten den Efeu aus der Natur oder diesem vergleichbar harte Sorten. Mit 'Hibernica' kommt man zwar schneller zum Ziel, doch ist der Kronenaufbau bei ihr viel lockerer, weshalb im Winter die Gefahr besteht, daß die Krone unter der Schneelast zusammenbricht.

Gepfropfte Efeustämmchen

Als Stamm kommen *Fatsia japonica (Aralia sieboldii)* und × *Fatshedera*, die Efeuaralie, in Frage. Efeupfropfungen auf Aralien wurden schon im letzten Jahrhundert vorgenommen. Die Efeuaralie, × *Fatshedera lizei*, entstand 1912 bei Lizé Frère in Nantes, Frankreich, aus einer Kreuzung zwischen *Fatsia japonica* und *Hedera helix*. Ab 1926 fand die Efeuaralie weitere Verbreitung, und bald wurde sie auch als Stamm für Efeubäumchen benutzt. Wie so manche Dinge gerieten diese Stämmchen in Vergessenheit und wurden erst später wiederentdeckt. So waren veredelte Efeuhochstämmchen erst wieder auf der Schluß-Sonderschau der Bundesgartenschau Kassel 1955 zu sehen. Man ließ sich damals das Verfahren sogar patentieren(!). Später griffen Gärtnereien, die sich mit Efeu beschäftigen, das Verfahren auf. Heute werden solche, meist mit bunten Sorten gepfropften Stämmchen bisweilen im Handel angeboten.

Auch der Hobbygärtner kann sich mit Erfolg an einer solchen Pfropfung versuchen. Mit zwei Veredlungsmethoden, dem Spaltpfropfen und der Okulation, die hier beschrieben und dargestellt werden, kann man zum Ziel gelangen.

Spaltpfropfen

1. Die Spitze der Efeuaralie wird mit dem Messer abgeschnitten, und zwar in einer Zone, die nicht zu weich ist, aber noch grün, also nicht verholzt!
2. Das abgeschnittene Ende wird mit dem Messer 1,5 bis 2 cm tief gespalten.
3. Zwei Kopfstecklinge werden keilförmig zugeschnitten,
4. und außen, rechts und links im Spalt, wo sich das Kambium befindet, eingesetzt. Das Kambium, das sich hinter der

Rinde befindet, muß mit dem Kambium des Stecklings in Kontakt kommen, damit ein Anwachsen erfolgen kann.
5. Die Pfropfstelle wird mit Bast verbunden und mit Baumwachs bestrichen.
6. Eine Plastikhülle über der Veredlungsstelle schützt die Stecklinge vor Verdunstung und Welken bis die Verwachsung erfolgt ist, was in zwei bis drei Wochen schon geschehen sein kann.

Okulation

Wie schon der Name andeutet, handelt es sich hier um die Übertragung einzelner Augen auf den Stamm.
1. Das Auge, aus welchem der Efeutrieb erwächst, sitzt in der Blattachsel. Es wird mit einem scharfen Messer oder einer Rasierklinge am Edelreis herausgeschnitten. Der Unterlage (Efeuaralie) kann man zunächst noch die Spitze und die meisten Blätter belassen.
2. Die vorgesehenen Veredlungsstellen, es werden jeweils zwei bis vier sein, werden mit einem T-Schnitt versehen. Die Veredlungsstellen sollen in der unverholzten Zone des Stammes liegen, aber auch nicht zu nahe der Spitze, wo das Gewebe zu weich ist. Man bringt die Veredlungsstellen verteilt um den Stamm an, und sie müssen nicht in einer Höhe liegen. Beide Schnitte sollen die Rinde ganz durchtrennen, aber möglichst nicht in das Holz eindringen. Die Länge des Schnittes wird dem Veredlungsauge angepaßt.
3. Die Rinde beiderseits des Längsschnittes wird vorsichtig gelöst, mit dem Spatel am Okuliermesser oder sonst einem geeigneten Gegenstand.
4. Das Veredlungsauge einsetzen und mit Bast verbinden. Unmittelbar über und unter dem Auge den Verband etwas fester anziehen, sonst nicht zu fest! Das Auge muß frei bleiben!
5. Die Veredlungsstelle kann noch mit Baumwachs bestrichen werden. Schützen mit Plastikfolie und Aufstellungsort wie beim Spaltpfropfen.

Wurzelecht gezogene Stämmchen, 7 bis 8 Jahre alt (grün), und Pfropfung auf *Fatshedera* in etwa gleichem Alter.

Okulation auf Efeuralie: Hier hat man die Möglichkeit, mehrere Triebe aufzusetzen. Es können auch verschiedene Sorten sein.

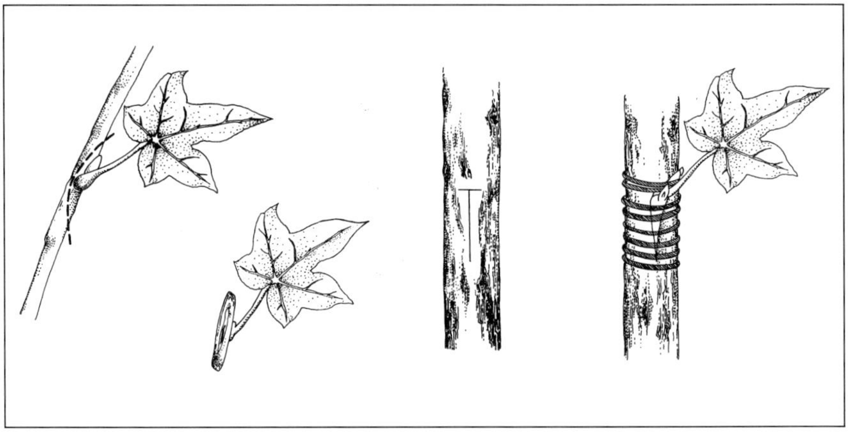

Pfropfung auf Efeuralien: Auf diese Weise kann man schöne Efeustämmchen für die Wohnung erzielen. Besonders geeignet sind buntlaubige Sorten.

6. Nach dem Anwachsen der Augen und deren Austrieb wird die Spitze über den Okulationen entfernt. Die Blätter der Efeuaralie entfernt man ebenfalls nach und nach. Bei der Okulation muß sauber gearbeitet werden. Weder Wasser, Erde noch sonstige Fremdkörper dürfen in die Wunde gelangen. Schon geringe Verunreinigungen dieser Art können das Anwachsen verhindern.

Efeubonsai

Bonsai, Miniaturbäumchen in geschmackvollen Schalen wachsend, kamen vor knapp 20 Jahren aus China und Japan, wo sie eine 1000 bis 1700jährige Tradition haben, zu uns. Heute ist Bonsai in der westlichen Welt ein Begriff, wenn auch der Europäer diesen Miniaturpflanzen mit einem anderen Empfinden und Verständnis begegnet. Er fühlt sich nicht so streng der jahrhundertealten Bonsai-Tradition verpflichtet wie der Chinese oder Japaner. Diese alte Tradition bleibt uns jedoch Vorbild, und wichtige Grundregeln der japanischen Meister sollten bestehen bleiben.

Da ist vor allem zu beachten, daß der Bonsai natürlich aussehen soll. Die Wuchsform der Pflanze in der freien Natur darf nicht aus den Augen verloren werden. Das gilt besonders für die Bäume, bei denen es darauf ankommt, ihr typisches Erscheinungsbild in der Natur in Miniaturform nachzugestalten. Wie läßt sich der Efeu nun zum Bonsai gestalten?

In seiner Jugendform ist er eine Liane, in der Altersform ein Strauch. Sollte er deshalb in seiner Jugendform etwa nur als Kaskade wachsen dürfen? Auch der Winterjasmin *(Jasminum nudiflorum)* ist mit seinen schlanken, überhängenden Zweigen nicht in der Lage, sich selbst zu tragen. Er klettert nur als Spreizklimmer in Sträuchern und Büschen oder hängt von Mauern herab, und wird doch als Bonsai mit knorrigem Stamm gezogen.

Das schafft der Efeu mindestens genausogut. Aus der Jugendform, und zwar mit allen Sorten, kann man wunderschöne, bäumchenartige, oft bizarre Exemplare ziehen – und das ohne Draht. Sie eignen sich am besten zu den folgenden Bonsaiformen (Abbildungen rechts):

1. Geneigte Stammform (Shakan). Sie ist der windgepeitschten Form ähnlich. Die Zweige wachsen jedoch nach allen Seiten.
2. Freie aufrechte Form (Moyogi). Der Stamm strebt meist in zwei Schwingungen nach oben, wobei die obere Schwingung kleiner ist. Die Äste sind gleichmäßig am Stamm verteilt.
3. Kaskaden- oder Hängeform (Kengai). Der Stamm hängt gebogen über den Topfrand, senkrecht oder schräg nach unten. Die gleichmäßig verteilten Äste weisen in Richtung der Stammneigung oder verlaufen waagrecht.
4. Halbkaskade oder halbhängende Form (Han-Kengai). Wie die Kaskadenform, aber nicht hängend, sondern waagrecht über den Topfrand hinausragend.
5. Felsenform (Jshitsuki). Sie stellt einen über einen Felsen gewachsenen Baum oder Strauch dar. Die Wurzeln wachsen über einen Stein in die Erde.
6. Waldform (Yose-ue). Mehrere Bäumchen unterschiedlicher Stammstärke bilden einen kleinen Wald (gut mit 'Congesta' oder 'Erecta' zu gestalten).
7. Literatenform (Bunjin-gi). Der Stamm strebt schräg nach oben mit leichten Biegungen. Die Äste befinden sich im oberen Drittel oder Viertel. Man kennt auch mehrstämmige Literatenformen.

Eine relativ junge Spielart der japanischen Bonsaikunst ist Saikei. Das bedeutet soviel wie »lebende Landschaft« oder »naturgetreue Landschaft«. Auf flachen Schalen werden mit Pflanzen, auch Gräsern und Moosen, Steinen und Sand ganze Landschaftsausschnitte nachgebildet. Hier herrscht nicht die Formstrenge, wie sie bei Bonsai üblich ist. Freude am Experimentieren und Freiheit in der Gestaltung überlassen der Kreativität einen größeren Raum. Hier ist auch der Efeu sicher am richtigen Platz.

1.

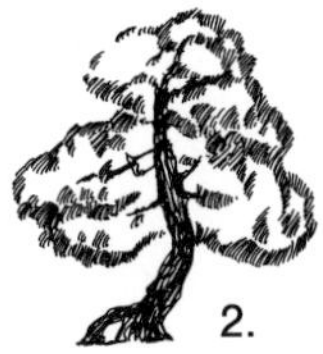
2.

3.

4.

5.

6.

7.

Bonsai der Sorte 'Kurios', 28 Jahre alt.

Zu all den angesprochenen Formen läßt sich der Efeu in seiner Jugendform verwenden. Die Altersform des Efeus ist dagegen viel schwerer zu gestalten. Ihr Wuchs ist viel stärker und starrer, die Pflanze schwieriger zu formen. Man kann eine streng aufrechte Form (Chokkan) oder eine Fächer- oder Besenform (Hokidachi) daraus ziehen.

Bonsai mit Efeu begrünen

Diese Idee ist wohl noch nicht alt, aber natürlich und einleuchtend. Am Miniaturbaum und in der Miniaturlandschaft wirkt ein sehr kleinblättriger Efeu wie in der großen Natur sehr »natürlich«. Und wenn ein Bonsai zu unserem Schmerz mal eingehen sollte, so brauchen wir ihn nicht gleich wegzuwerfen, sondern können noch etwas Schönes aus ihm machen – ihn mit Efeu begrünen und so neu beleben!

Anzucht und Pflege eines Efeubonsai

Der bewurzelte Efeusteckling, das junge Efeupflänzchen, kann natürlich das Ausgangsmaterial für unseren Bonsai sein.

Bonsai der Sorte 'Alt Heidelberg', Alter etwa 8 Jahre.

Schneller kommen wir jedoch zum Ziel, wenn wir von älteren Teilen ausgehen. Beim Umpflanzen von Kübeln oder Balkonkästen, in denen schon einige Jahre Efeu wächst, bietet sich eine gute Gelegenheit, nach einem »Bonsai-Anfänger« Ausschau zu halten. Einen starken Trieb mit gut ausgebildetem Stamm wählt man aus, schneidet ihn sehr stark zurück, je nach seiner Stärke auf 15 bis 20 cm. Ebenfalls werden die Wurzeln eingekürzt. Diese Anfängerpflanze kultiviert man am besten zunächst ein bis zwei Jahre in einem Blumentopf. Es ist gut, die Pflanze so hoch wie möglich einzutopfen, damit die Wurzeln am Ende des Stammes sichtbar werden. Das Formieren der Pflanze geschieht hauptsächlich durch den Schnitt. Draht wird man dazu selten verwenden müssen. Die auswachsenden Triebe muß man von Zeit zu Zeit bis auf ein oder zwei Augen zurückschneiden, und unerwünschte Austriebe am Stamm ganz entfernen.

Mit der Zeit wird sich zeigen, zu welcher Bonsai-Form sich die Anfängerpflanze am besten eignet. Es wird eine passende Schale ausgewählt, und nun kann die Pflanze zu einem richtigen Bonsai oder Saikei gestaltet werden.

Es sei noch daran erinnert, daß Efeu alkalische Erde liebt. Humose Erde, mit gesiebtem Mörtelschutt versetzt, ergibt eine gute Erde für Efeubonsai. Wie der Efeu als Zimmerpflanze Verwendung findet, so kann er auch als Zimmerbonsai verwendet werden. Am besten steht der Efeubonsai im Sommer draußen, an einem halbschattigen Ort, und im Winter innen, jedoch kühl und hell. Im Blumenfenster, Wintergarten oder kühlen Gewächshaus ist der beste Platz für ihn.

Formschnitt, Topiary

1991 brachte Longwood Gardens in Pennsylvanien, USA, ein 260 Seiten starkes, gut illustriertes Buch heraus: Patricia Hammer, »The Topiary. Imaginative Techniques from Longwood Gardens.« Welch große Rolle der Efeu bei der Gestaltung dieser Topiarys spielt, kann man schon anhand der Efeu-Tabelle in diesem Buch ermessen. Über 150 Efeusorten, einschließlich der Arten, werden aufgelistet. Die Tabelle aller übrigen Pflanzenarten zählt nur etwa 130 zu diesem Zweck verwendbare Pflanzen.

Es ist also angebracht, sich auch mit dieser Verwendungsform des Efeus zu beschäftigen, zumal Topiarys in letzter Zeit auch bei uns eine gewisse Beliebtheit erlangt haben.

Der englische Name Topiary kommt vom lateinischen *topiaria* = Kunstgärtnerei. Als deutscher Ausdruck käme »Formschnitt« in Frage. Aber wie bei so vielem anderen wird sich wohl der aus den USA mit diesen Figuren importierte Name bei uns einbürgern.

Schon im Altertum war das Formieren von Pflanzen bekannt. Plinius der Ältere (23/24 bis 79 n. Chr.) berichtet in seiner »Historia Naturalis« von Figuren, die aus Zypressen geschnitten waren. So übten diese Kunst schon die Ägypter und Römer. Durch viele Jahrhunderte scheint der Formschnitt dann in Vergessenheit geraten zu sein, was wohl mit dem Niedergang des Römischen Reiches zusammenhängt.

Erst in der Renaissance erfuhr auch der Formschnitt eine Wiederbelebung. Im Garten des 17. Jahrhunderts prägte sich der Geist des Barock in dem starken Zurücktreten der ungekünstelten Natur deutlich aus. Die einzelnen Felder des Gartens erhielten eine Einfassung aus hohen geschnittenen Heckenwänden, eine Ausstattung mit verschiedenen freien Plätzen und eine Belebung durch Aufstellung von Skulpturen nach italienischem Muster. Diesen Garten des Barock mit seinen streng symmetrischen Anlagen übernahm das Rokoko, wie so manches andere. Nun wurden aber den geraden und steifen Wänden die bewegten Formen der Steinarchitektur gegeben. Die Wände wurden mit aus dem lebendigen Grün geschnittenen Säulen, Pfeilern und Gesimsen versehen und mit Kugeln und Obelisken aus demselben Material gekrönt. Der

Rokokogarten übernahm auch vom holländischen Garten das Zurechtschneiden des *Taxus* zu Pyramiden, Kugeln oder gar tierischen und menschlichen Figuren.

Im frühen 18. Jahrhundert änderte sich mit Aufklärung und Klassik das Naturverständnis wiederum. Matthias Claudius (1740–1815) schrieb über den Formschnitt: »Ist purer, purer Schneiderscherz und trägt der Schere Spur, hat nichts vom großen, vollen Herz der herrlichen Natur.« Diese Mode war also vorbei. In den Bauerngärten, vor allem in Norddeutschland, hat sich der Formschnitt noch lange, vielfach bis heute, erhalten. Auswanderer brachten gegen Ende des 17. Jahrhunderts den Formschnitt nach Amerika. Dort erhielt er sich besser als in Europa und ist im letzten Jahrzehnt zu voller Blüte gediehen. Und heute kommt die Topiary-Mode mit Efeu bekleidet von dort in die Alte Welt zurück, von der sie als »Formschnitt« ausgegangen war.

Eine eigenartige Parallele zum Efeu überhaupt: In Amerika nicht heimisch, ist er gerade dort sehr beliebt geworden. Peter Kalm soll bei seiner Nordamerikareise 1747 bis 1749 dort erst eine Efeupflanze gefunden haben. Der Botaniker Loudon erwähnt jedoch schon 1838 eine weit verbreitete Kultur dieser Pflanze. Ab 1950 kamen von den USA die vielen neuen Efeusorten und -rassen, die bei uns eine Efeu-Modewelle einleiteten.

Die Erkenntnis, daß man mit Efeu, genauso wie mit Buchsbaum oder noch besser – vor allen Dingen schneller – geometrische Formen erzielen kann, war natürlich auch in Deutschland nie ganz erloschen. In Fachzeitschriften stößt man hie und da auf diesbezügliche Hinweise. In der »Gartenwelt« von 1929, S. 105, schreibt L. Kniese von solch gelungenen Versuchen in der Staatlichen Lehranstalt für Gartenbau in Pillnitz. Dort zog man im Kübel Efeukugeln auf Drahtgerüsten, um damit einen so geformten Heckenabschluß zu kaschieren, der eingegangen war.

In den USA werden seit Jahren Topiarys in allen möglichen Formen und Größen hergestellt, selbst Elefanten und Giraffen in Lebensgröße. Wie aus dem Buch »Geformte Pflanzen« von B. Gallup und D. Reich zu entnehmen ist, wurde der Startschuß zu dieser Topiary-Mode 1976 von Morris Brownell aus Philadelphia gegeben, indem er eine lebensgroße Giraffe schuf, aus Anlaß des damals in Kansas geborenen Giraffenbabys Sunflower. Das fast zwei Meter hohe Stahlgerüst war mit sieben verschiedenen Efeusorten bewachsen. Damit war wohl auch der Efeu für diese Kunst eingeführt, und er hat sei-

Bei dieser Art des Topiary werden die Efeutriebe von einer Topfpflanze aus über ein geformtes Gerüst geleitet, welches im Topf verankert ist.

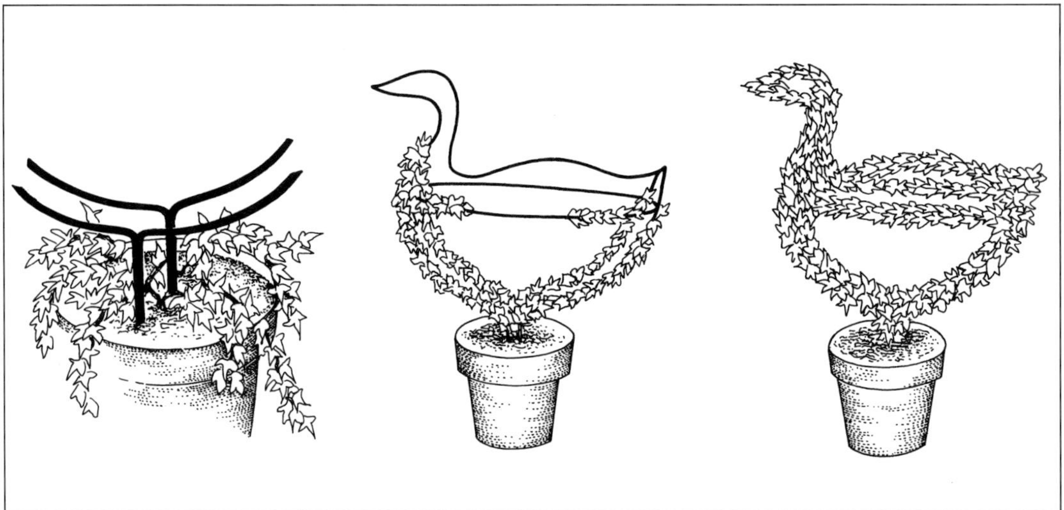

ne Stellung als wichtigste Pflanze auf diesem Gebiet bis heute behauptet.

Grundsätzlich muß man zwei verschiedene Herstellungsverfahren solcher Figuren unterscheiden. Einmal wächst die Pflanze im Topf, in welchem auch das zu berankende Gerüst verankert ist. Die Triebe werden über das geformte Gerüst geleitet bis dieses bedeckt ist. Es handelt sich also um die herkömmliche Methode, ein Spalier oder eine Pyramide zu formen, wie sie auch im Kapitel über den Efeu im Zimmer angesprochen wurde. Auf differenzierte Figuren solcher Art wurde auch in der deutschen Gartenpresse bereits hingewiesen, zum Beispiel von B. Dicke: »Efeu für Charly«, in »mein schöner Garten« (9/1990, S. 4—17). Einfache geometrische Figuren dieser Art, wie Kugel oder Pyramide, werden gelegentlich schon im Handel angeboten.

Bei einer zweiten Variation wird das Formgerüst mit feuchtem Sphagnummoos ausgepolstert. In dieses pflanzt man direkt, entweder kleine Efeupflanzen oder längere, bewurzelte Triebe, die dann auf das Moos geheftet werden. Diese Technik bietet viele Möglichkeiten. Man kann schnell zu einer dicht bewachsenen Figur kommen, wenn man möglichst viele Pflänzchen auf ihr verteilt einpflanzt. Eine solche Pflanzenfigur kann, auf einem flachen Teller stehend, zum Beispiel als Tischschmuck dienen. Sie ist nicht an ein Pflanzgefäß gebunden, das den optischen Eindruck stören könnte.

Auch eine Kombination der beiden Verfahren ist möglich. Eine moosgepolsterte Figur setzt man in einen Efeutopf und nimmt die Berankung von hier aus vor. Die Pflanze steht also wie üblich in der Erde, kann aber mit ihren Luftwurzeln auch in das feuchte Moos wachsen. Hier braucht man mit dem Gießen nicht so aufzupassen. Schließlich ist es möglich, in die Moosfigur selbst einen Efeutopf einzubauen.

Die Drahtgerüste kann man sich mit einigem Geschick selbst herstellen. In den USA werden fertige Pflanzgerüste in vielen Formen im Handel angeboten, was bei uns bislang noch nicht geschieht. Neben der allgemeinen Pflege stehen beim Topiary natürlich der Schnitt und das Formieren im Vordergrund. Wer sich eingehender mit Topiary-Kunst beschäftigen möchte, sei auf das oben genannte Buch »Geformte Pflanzen« von Gallup und Reich verwiesen. Es enthält auch ein Kapitel »Objekte aus Efeu, eine rankende Kunst«.

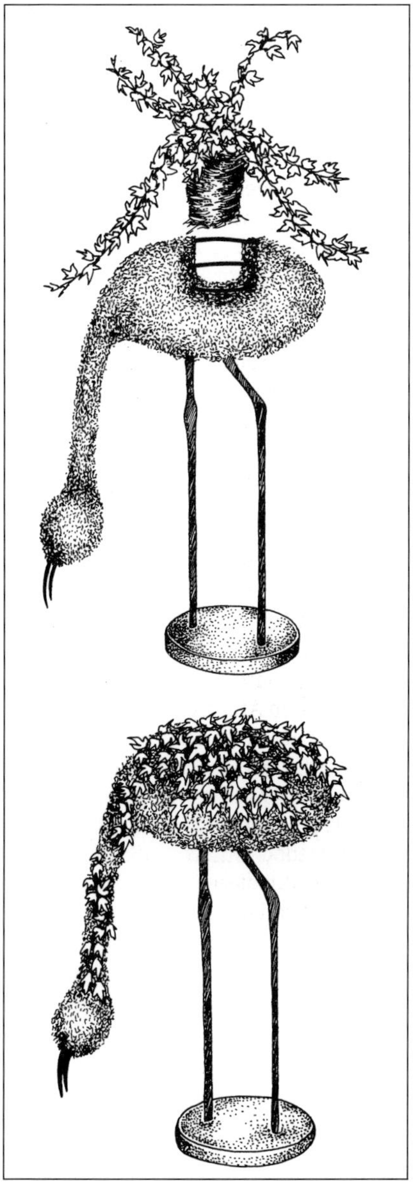

Topiary: Hier wird eine Topfpflanze in die mit Sphagnummoos ausgepolsterte Figur eingebaut.

Efeu in der Floristik

In alten Zeiten wurden nur Göttern Kränze gegeben, und deswegen spricht sie Homer keinem seiner Helden zu. Bacchus soll der erste gewesen sein, der einen Kranz trug: aus Efeu, und er soll ihn sich selber aufs Haupt gesetzt haben. – Später setzten die Opfernden zu Ehren der Götter Kränze aufs Haupt und kränzten zugleich die Opfertiere. – Endlich sind sie auch bei den heiligen Kampfspielen in Gebrauch gekommen, werden aber daselbst nicht den Siegern, sondern dem Vaterlande des Siegers zugesprochen. Daraus ist dann die Sitte entstanden, sie den Triumphierenden zu geben, um sie als Weihegeschenk in den Tempeln aufzuhängen, und endlich hat man sie auch noch für die Spiele eingeführt, die zur Belustigung des Volkes gegeben wurden. (Plinius, 16, 4, 4 nach Lenz 1859)

Nächst dem Blumenschmuck, der von den Naturvölkern als Opfergabe dargebracht wurde, sind die Kränze und Girlanden des Altertums die Urformen floristischer Pflanzenanwendung. Der Efeukranz spielte damals eine große Rolle, war er doch dem Dionysos (Bacchus) heilig.

Ursprünglich machte jeder selbst seinen Kranz. Mit steigendem Bedarf aber wurde die Kranzherstellung bald zum Gewerbe. Strabon (63 v. Chr. bis 20 n. Chr.) erwähnt die Selbstherstellung von Kränzen durch die Bruttier in der Kaiserzeit. Die Kranzmacher boten ihre Erzeugnisse auf besonderen Kranzmärkten an, und Kränze wurden auch auf Bestellung angefertigt. Da das Tragen eines Kranzes an Festtagen Pflicht war, sorgte hie und da auch der Staat für die Bereitstellung von Kränzen. An ärmere Leute wurden sie wohl gegen geringes Entgelt ausgeliehen. Später wurde Rom besonders von Ägypten mit Kränzen beliefert.

Bei gewissen Anlässen kamen nur bestimmte Kränze zur Verwendung. So pflegte man sich beim Gelage, besonders bei den Dionysosfesten, mit Efeu zu bekränzen, denn die Natur des Efeus vertreibt das beim Zechen entstehende Kopfweh.

Der Kranz ist seinem spontanen Ausdruck nach Schmuck, aber auch Ausdruck der Freude, die gern zum Schmuck greift. Traurige Stimmung läßt sich mit ihm nicht verbinden. Auf die Kunde vom Tode seines Sohnes nimmt Xenophon, der eben ein Opfer darbringt, den Kranz vom Kopf. Zum Binden der Dichterkränze wurde nicht der schwarzbeerige *Hedera helix* verwendet, sondern der in Griechenland heimische *Hedera helix* ssp. *poetarum*, der Dichterefeu mit orangefarbenen Beeren.

Schon der reiche Symbolgehalt des Efeus macht seine floristische Verwendung bei vielen Anlässen interessant. Hier sollen einige besonders herausgestellt werden.

Efeu zu festlichen Anlässen: Wie wir schon sahen, war der Efeukranz in ältester Zeit, schon vor dem Lorbeer, als Symbol für den Dichter beliebt. In Italien flocht man zur Römerzeit und auch noch während der Renaissance Efeublätter in den Lorbeerkranz der Dichter.

Efeu als Symbol der Freundschaft: Das innige Anschmiegen des Efeus an Bäume, Felsen und Mauern hat ihn bis in die jüngste Zeit zum Symbol der Freundschaft werden lassen. In der Sage von Tristan und Isolde wird der Efeu zum Sinnbild einer über das Grab hinausreichenden Liebe erhoben.

Die Brauchbarkeit des Efeus als schmückendes Beiwerk zu Gebinden ist von den Floristen längst erkannt worden. Weniger bekannt ist sein reicher Symbolgehalt.

Efeu im Brautstrauß: Bei den Vermählungszeremonien der Griechen überreichte der Oberpriester dem Brautpaar beim Eintritt in den Tempel die Efeuranke als Sinnbild der Vereinigung.

Efeu in der Trauerbinderei: Den ersten Christen galt der Efeu als Symbol des ewigen Lebens. Sie legten ihre Toten auf Efeuranken und schmückten die Grabstätten mit Efeu. Das immergrüne Efeulaub ist Symbol der Unsterblichkeit.

Im Zuge der allgemein gewordenen Beliebtheit des Efeus wird dieser inzwischen wieder häufiger in der Blumenbinderei verwendet. Man hat auch hier den Efeu wieder schätzen gelernt, wegen seiner Vielgestaltigkeit, seines immergrünen Laubes, das nicht so schnell welkt, und weil er überall zu haben ist. Auch die Altersform mit ihrem Beerenschmuck ist ein begehrtes Gestaltungsmittel für Kränze, Sträuße und jedes andere Gebinde. Wenn wir noch den reichen Symbolgehalt mit einbeziehen und die Tatsache, daß es sich um eine einheimische Pflanze handelt, dann fragt man sich, wieso der Efeu in der Floristik lange so wenig Beachtung gefunden hat. Vielleicht wurde er zu lange einseitig als Friedhofspflanze gesehen – und das gerade er, der im Altertum Symbol der Freude und bejahenden Lebens war!

Verzeichnisse

Literatur

Althaus, C.: Fassadenbegrünung. Ein Beitrag zu Risiken, Schäden und präventiver Schadensverhütung. Patzer Verlag, Hannover 1987.

Bates, A.: The Illusive Ivy. In: Arnold Arboretum Bulletin. Mehrere Artikel zwischen 1932 und 1945.

Gallup, B. und D. Reich: Geformte Pflanzen. DuMont Buchverlag, Köln 1989.

Hammer, P. R.: The New Topiary. Imaginative Techniques from Longwood Gardens. Garden Art Press Ltd., Northiam East Sussex 1991.

Hegi, G.: Illustrierte Flora von Mitteleuropa, Band V/2. J. F. Lehmanns Verlag, München 1906.

Heieck, I.: Hedera-Sorten. Ihre Entstehung und Geschichte. Abtei Neuburg, Heidelberg 1980.

Heieck, I.: Geeignete Hedera-Sorten als Bodendecker für die Grabstätte. In: Deutsche Friedhofskultur 1991, 3, S. 109–118, und 5, S. 179–185.

Heieck, I.: Efeu: Alter Klettermaxe immer jung. In: Gärtnerbörse und Gartnwelt 1991, 11, S. 571–579, und 19, S. 948–952.

Heieck, I.: Ausländische Efeuarten. In: Gartenpraxis 1991, 1, S. 24–29.

Hibberd, S.: The Ivy, a Monograph. London 1872.

Ivy Journal der American Ivy Society 1978 bis 1991 Vol. 4 bis 17, West Carrollton, OH, USA.

Krüssmann, G.: Handbuch der Laubgehölze, Bd. I. Verlag Paul Parey, Berlin und Hamburg 1960.

Lawrence, G. H. M. und A. E. Schulze: The cultivated Hederas. In: Gentes Herbarum, Ithaca, NY, USA 1942, Vol. VI, S. 107–173.

Lenz, H. O.: Botanik der alten Griechen und Römer. Schnepfenthal 1859.

Nannenga-Bremekamp, N. E.: Notes on Hedera Species, Varieties und Cultivars grown in the Netherlands. In: Belmontiana, Miscellaneus Papers 6, 1970, S. 195–212.

Rose, P. Q. und I. Heieck: Efeu. Verlag Eugen Ulmer, Stuttgart 1982.

Tobler, F.: Die Gattung Hedera. Studien über Gestalt und Leben des Efeus, seine Arten und Geschichte. Jena 1912.

Tobler, F.: Die Gartenformen der Gattung Hedera. In: Mitteilungen der Deutschen Dendrologischen Gesellschaft (DDG) 1927, S. 1–33.

Tobler, F.: Der Efeu. Arten und Formen. In: Rhododendron und immergrüne Laubgehölze 1940, S. 7–16.

Efeu-Gesellschaften

The American Ivy Society
P.O. Box 520
West Carrollton, OH 45449 USA
President Patricia Riley Hammer
Editor Debora A. Reich

The British Ivy Society
WF Kennedy, 66, Cornwall Road
Ruislip, Middx. HA4 6AN England
Tel.: 08956 37331

Bezugsquellen

Angeführt ist eine Auswahl von Firmen, die Efeu in großer Sortenzahl, Nützlinge zur biologischen Schädlingsbekämpfung oder Kletterhilfen anbieten.

Abtei Neuburg
Efeu-Spezialkulturen
6900 Heidelberg 1
Efeusortiment

Ingwer J. Jensen
Historische und seltene Rosen
Taruper Hauptstraße 18
2390 Flensburg-Tarup
Efeusortiment

Firma Neudorf
3254 Emmertal
Biologischer Pflanzenschutz, Nützlinge

Sautter und Stepper GmbH
Rosenstraße 19
7403 Ammerbuch 5 (Altingen)
Biologischer Pflanzenschutz, Nützlinge

Thomas Brandmeier
SYSTEC-Fassadenbegrünung
Möndenweg 60
7854 Inzlingen
Rankgerüste

Hans Grätz
Im Moldengraben 24
7014 Kornwestheim
Verzinkte Metallkästen mit Gitterwand für Efeu-Begrünungswände, Efeu-Ständer

K. Kalle
Metallwarenfabrik
Rehbecke 1
5800 Hagen 1
Ranksysteme, Stahlgitterzäune

Bildquellen

Bärtels, A., Waake: Titelbild, Seite 58, 60 links.
Kallenbach, G., Quellendorf: Seite 71.
Lehmann, I., Kippenheim: Seite 2.
Morell, E., Dreieich: Seite 56.
Neidiger, H., Nürnberg: Seite 80, 93.
Reinhard, H., Heiligkreuzsteinach: Seite 6, 14, 43, 46, 61, 63 unten, 66.
Riedmiller, A., Martinszell: Seite 22, 85.
Stadler, P., Heidelberg: Seite 27, 28, 30, 31, 32(2), 36 rechts, 37, 38, 39, 41, 42, 45, 57(2), 60 rechts, 62 oben, 63 oben, 65 unten, 67, 68, 69, 75(2).
Strauß, F., Au i. d. Hallertau: Seite 62 unten.
Wagner, K., Braunschweig: Seite 65 oben.
Wenningmann, I., Rheine: Seite 51.
Winderl, S., Heidelberg: Seite 88 oben.
Ziegele, G., Schwetzingen: Seite 10, 24, 35, 36 links, 79, 88 unten.

Die Blatt-Zeichnungen der verschiedenen Efeusorten sind der Broschüre »Hedera-Sorten. Ihre Entstehung und Geschichte dargestellt am Sortiment der Gärtnerei Abtei Neuburg« von Ingobert Heieck, Heidelberg 1987, entnommen. Alle übrigen Zeichnungen fertigte Kerstin Heß nach Vorlagen des Autors bzw. aus der Fachliteratur.

Register

Sternchen verweisen auf Abbildungen, halbfette Seitenzahlen auf Schwerpunkte.